완벽한 레시피로 다시 만나는
삼시세끼
by 이밥차 2

## 삼시세끼 by 이밥차 2

**1판 2쇄 발행** 2016년 9월 23일

**요리** | 이밥차 요리연구소
**공동 기획** | tvN 〈삼시세끼〉 제작팀
**펴낸이** | 김선숙, 이돈희
**펴낸곳** | 그리고책

**주소** | 서울시 마포구 동교로19길 7 삭녕빌딩 1~2층(서교동, 삭녕빌딩)
**대표전화** | 02-717-5486~7
**팩스** | 02-717-5427
**이메일** | editor@andbooks.co.kr
**홈페이지** | www.andbooks.co.kr
**출판등록** | 2003.4.4 제 10-2621호

**편집책임** | 이정순
**편집차장** | 조윤희
**편집진행** | 장유정, 신시내
**요리** | 이밥차 요리연구소 김단비, 최문경
**마케팅** | 남유진, 김성은
**영업** | 이교준, 정강석
**경영전략** | 박승연, 윤민지

**포토디렉터** | 율스튜디오 박형주
**포토그래퍼** | 조민정, 안가람
**푸드 스타일링** | 김정아
**디자인** | 올디자인그룹

**값** 12,800원
©2016 그리고책
ISBN 979-11-956240-3-4  13590

All rights reserved. First edition printed 2016.
* 이 책을 무단 복사, 복제, 전재하는 것은 저작권법에 저촉됩니다.
* 잘못 만들어진 책은 바꾸어 드립니다.
* 책 내용 중 궁금한 사항이 있으시면 그리고책(Tel 02-717-5486, 이메일 hunter@andbooks.co.kr)으로 문의해 주십시오.

완벽한 레시피로 다시 만나는

# 삼시세끼 by 이밥차 2

이밥차 요리 / tvN 〈삼시세끼〉 제작팀 공동 기획

그리고책
andbooks

## PROLOGUE

tvN〈삼시세끼〉제작팀과 이밥차 요리연구소가 함께하는
맛있는 프로젝트, 그 두 번째 이야기를 시작합니다.

tvN의 인기 프로그램〈삼시세끼〉에는 화려한 요리 실력을 가진 셰프나 맛을 정확하게 짚어 내는 입맛 까다로운 전문가도 없고, 고급 식재료가 가득한 냉장고도 없었지만 수많은 '쿡방' 중에서 단연 돋보였어요.〈삼시세끼〉에서 보여준 소박한 레시피에서는 행복한 이야기가 묻어났어요. 이 모습은 시청자들의 눈과 입을 사로잡았지요. 친근한 매력으로 언제 먹어도 질리지 않은 집밥과 누구나 쉽게 만들 수 있는 요리를 소개하며, 시즌이 거듭될수록 더욱 많은 이들에게 사랑 받았습니다.

요리하면서 실수도 하고, 그 어설픈 과정을 즐기더니 차츰 요리 실력이 늘더라고요. 그리고 점점 요리에 재미까지 붙여 가는〈삼시세끼〉방송을 보고 있으면 절로 미소가 번졌어요. 가족이나 친구들과 도란도란 둘러앉아 한 끼를 맛있게 먹는 지극히 평범한 일상이 얼마나 행복한 시간인지 새삼 느끼기기도 했고요.

오랫동안 독자의 입장에서 실용적이고 간편한 요리를 연구해 온 이밥차 요리연구소도〈삼시세끼〉방송을 보며 여러분과 마찬가지로 입맛을 다시며 공감했어요. 더 나아가 매 회 방송에 끝날 때마다 실시간 검색어를 장악하며 화제를 불러 일으킨 그 요리들을 집에서도 쉽게 만들 수 있도록 돕고 싶었어요. 그 마음을〈삼시세끼 by이밥차 2〉에 차곡차곡 담았습니다.

이밥차 요리연구소가〈삼시세끼〉속 레시피를 최고의 맛을 낼 수 있도록 직접 만들어 보며 꼼꼼하게 테스트하고 연구했어요. 방송에서 미처 세세하게 다루지 못한 재료 분량이나, 중간중간 생략된 레시피 과정을 완벽하게 채워 넣었답니다. 여기에 더욱 맛깔나게 맛을 내는 요리비법과 쉽게 만드는 노하우까지 알차게 더했어요.〈삼시세끼 by이밥차 2〉와 함께 맛있고 풍성한 밥상을 차려 보세요.

이밥차

# CONTENTS

## CHAPTER 1
### 심플하게 시작하는 도시형 삼시세끼

기초편

- 12 참 쉬운 오븐 요리
- 14 주걱으로 섞으면 반죽 끝! 무반죽빵 만들기
- 16 요리 초보들을 위한 요리 꿀팁
- 18 이 정도면 만능! 감자칼 활용법
- 20 계량법

## CHAPTER 2
### 매일 먹어도 좋은 친근한 집밥

정선편

**1화**
- 24 쌈장볶음밥
- 26 얼갈이된장국
- 28 파김치
- 30 스크램블에그&아스파라거스구이
- 32 비빔국수
- 34 감자전
- 36 꽁치감자고추장찌개

**2화**
- 38 팬케이크
- 40 강된장쌈밥
- 42 양대창구이볶음밥

**3화**
- 44 들깨미역국
- 46 콩자반
- 48 일본식샤브샤브
- 50 모히토와 딸기에이드
- 52 잔치국수
- 54 육쪽마늘바게트

**4화**
- 56 떡볶이
- 58 반반무마니
- 60 꽈리고추멸치볶음
- 62 미역냉국

**5화**
- 64 팥빙수
- 66 주꾸미삼겹살볶음
- 68 수제마요 에그포테이토샌드위치

**6화**
- 70 가래떡구이와 벌꿀레모네이드
- 72 물김치
- 74 콩나물버섯밥
- 76 콩나물국

**7화**
- 78 짜장면
- 80 립바비큐
- 82 오븐치킨
- 84 소풍도시락

**8화**
- 86 깻잎지
- 88 달걀빵
- 90 블루베리요거트
- 92 감자옹심이

| 9화 | 94 | 콩국수 |
|---|---|---|
| | 96 | 콩비지김치찌개 |
| | 98 | 바싹불고기 |
| | 100 | 베이글과 크림치즈 |

| 10화 | 102 | 닭갈비 |
|---|---|---|
| | 104 | 감자볶음밥 |
| | 106 | 호박국 |

| 11화 | 108 | 콧등치기국수 |
|---|---|---|
| | 110 | 애호박전 |
| | 112 | 열무김치 |
| | 114 | 차돌박이부추무침 |
| | 116 | 아메리칸breakfast |

| 12화 | 118 | 열무보리비빔밥 |
|---|---|---|
| | 120 | 감자탕 |
| | 122 | 차돌박이된장찌개 |

| 13화 | 124 | 피클 |
|---|---|---|
| | 126 | 토마토스파게티 |
| | 128 | 로스트치킨 |
| | 130 | 태국식볶음밥 |
| | 132 | 수박주 |
| | 134 | 수제햄버거와 감자튀김 |

| 14화 | 138 | 오이소박이 |
|---|---|---|
| | 140 | 탕수육 |
| | 142 | 마늘볶음밥 |

| 15화 | 144 | 콘수프 |
|---|---|---|
| | 146 | 알리오올리오 |
| | 148 | 봉골레파스타 |
| | 150 | 김치찌개 |
| | 152 | 김치두루치기 |
| | 154 | 토마토루꼴라피자 |

| 16화 | 156 | 마약옥수수 |
|---|---|---|
| | 158 | 카레라이스 |
| | 160 | 캄파뉴 |

| 17화 | 162 | 감자크로켓 |
|---|---|---|
| | 164 | 토마토김치 |
| | 166 | 돼지갈비 |
| | 168 | 양파부추무침 |

# CHAPTER 3

누구나 탐내는 일상 특별식

## 어촌편

| 1화 | 172 | 부추전 |
|---|---|---|
| | 174 | 메추리알장조림 |
| | 176 | 물회소면 |

| 2화 | 178 | 맑은칼국수 |
|---|---|---|
| | 180 | 우렁이시래기국 |

| 3화 | 182 | 생선크로켓 |
|---|---|---|
| | 184 | 감자샐러드 |
| | 186 | 가자미조림 |

| 4화 | 188 | 김치콩나물국 |
|---|---|---|
| | 190 | 다시마튀각 |
| | 192 | 오이무침 |

| 5화 | 194 | 참치초무침 |
|---|---|---|
| | 196 | 우렁된장찌개 |

| 6화 | 198 | 고추장당면찌개 |
|---|---|---|
| | 200 | 김치수제비 |

| 7화 | 202 | 달걀감자국 |
|---|---|---|
| | 204 | 오삼불고기 |
| | 206 | 우럭매운탕 |

| 8화 | 208 | 문어숙회 |
|---|---|---|
| | 210 | 문어초회 |
| | 212 | 미역초무침 |
| | 214 | 숙주볶음밥 |
| | 216 | 홍합탕 |

| 9화 | 218 | 해물뚝배기 |
|---|---|---|
| | 220 | 홍합튀김카레라이스 |
| | 222 | 해산물뷔페 |

| | 230 | 인덱스 |
|---|---|---|

# 이밥차가 만든 <삼시세끼> 쿡북, 이렇게 즐기세요

| STEP 1 | <이밥차 요리연구소>의 검증으로 완벽해진<br><삼시세끼> 레시피 따라 하기 |

★ '이밥차의 세끼 레시피 체험기'를 통해 요리 실수를 줄여 보세요

실수 없이, 보다 편하게 요리할 수 있도록 조리 포인트를 과정마다 설명해 두었어요. 방송에서 실수했거나 아쉬웠던 부분, 더 맛있는 요리를 위한 노하우는 '이밥차의 세끼 레시피 체험기'를 참고하세요. 실제로 요리하면서 실패할 확률을 확실히 줄일 수 있어요.

★ 모든 요리는 밥숟가락과 종이컵으로 계량했어요

밥상을 차릴 때마다 계량 도구를 꺼내서 분량을 재는 건 너무 번거로운 일이죠. 특별한 계량 도구가 없어도 얼마든지 요리를 따라 할 수 있어요. 정확한 계량법은 20페이지에 자세히 설명해 두었어요.

## STEP 2   <삼시세끼> 레시피 도시맞춤형으로 다시 만나기

★ **방송에 나온 요리를 더 맛있는 이밥차표 레시피로 업그레이드했어요**

정선과 만재도 편에서 보여 주었던 수많은 레시피를 책으로 만날 수 있어요. 방송을 볼 때 재료 분량도 분명하게 보이지 않고, 중간중간 조리과정이 생략되는 부분도 있어 보고 따라 하기 어려울 때가 있었죠. <이밥차 요리연구소>에서 방송 레시피를 직접 검증해 보고 빈 부분을 깔끔하게 채워 넣었어요.

## STEP 3   알아 두면 유용한 요리팁 확인하기

익숙한 한식보다 왠지 어렵게 느껴지는 베이킹! 방송을 보면 집에서도 따라 하고 싶은 마음이 생기잖아요. 보다 쉽게 베이킹에 도전할 수 있도록 오븐과 무반죽빵의 기본 정보를 소개했어요. 여기에 하나 더! 요리 초보들이 궁금해 하고, 고민하는 부분을 깔끔하게 해결해 주는 꿀팁도 촘촘하게 채웠어요.

Basics of Cooking 1

# 참 쉬운 오븐요리

이번 시즌 정선에서는 유독 셀프 화덕을 사용한 요리를 많이 선보였죠.
빵부터 로스트 치킨까지, 재료를 넣고 굽기만 하면 노릇하고 향긋하게 완성되는 놀라움!
우리 집 주방에서도 느껴 보고 싶다면 잠들어 있던 오븐을 깨워 주세요.
어렵고 번거롭게만 느껴지는 오븐요리지만, 실제로는 조리 시간이 짧고
온도 맞춰 재료를 넣기만 하면 되니 초보자도 쉽게 활용할 수 있답니다.
우선 오븐에 대해 먼저 알고 갈까요?

## 오븐의 종류

오븐 먼저 확인하는 것이 좋아요.
오븐은 가열 방식에 따라 가스오븐과 전기오븐으로 나눌 수 있어요.

### 가스오븐

가스불로 내부를 뜨겁게 달궈 그 열기로 조리하는 오븐이에요. 보통 가스레인지 아래에 붙어 있는 경우가 많아요.

**특징** 내부 공간이 넓으므로 15~20분 정도 예열해요. 보통 아래쪽의 가스불로 가열되기 때문에 음식이 골고루 익지 않을 수도 있어요. 바닥 부분이 타지 않도록 아래쪽에 오븐팬을 하나 더 덧대도 좋아요.

### 전기오븐
전기로 가열해 대류열을 이용하는 오븐이에요.

**특징** 가스오븐에 비해 크기가 작고 화재 위험이 적어 주로 가정용으로 사용해요.

- **컨벡션오븐** 전기오븐의 일종으로 열을 순환시키는 팬이 있어요. 단시간에 음식을 익힐 수 있지만 수분이 쉽게 증발돼 겉이 딱딱해질 수 있으니 생선이나 고기를 구울 때는 쿠킹포일로 싸서 조리해요.
- **광파오븐** 전기오븐의 일종으로 원적외선을 이용해요. 음식의 겉과 속을 빠르고 맛있게 익힐 수 있어요. 광파스팀오븐은 증기를 이용해 염분과 칼로리는 낮추면서 수분과 영양소는 지킬 수 있답니다.

## 예열이 된가요?
"맛있는 음식을 위해 예열은 필수!"
예열이란 조리 전 원하는 온도로 오븐을 미리 달궈 놓는 것을 말해요. 팬을 달궈서 사용하는 것처럼 오븐도 예열을 해야 음식의 맛과 색이 좋아진답니다. 예열 시간은 10분 정도면 충분해요.

## 사용팁
오븐마다 열선의 위치가 달라요. 열선에 가까이 음식을 두면 색이 진하게 나거나 탈 수 있으므로 요리 시간의 70% 정도가 지났을 때 오븐팬의 위치를 바꿔 주세요.
조리 도중에 오븐 문을 자주 열면 내부의 온도가 떨어질 수 있으니 주의하세요.

## 오븐 사용이 가능한 용기
전자레인지처럼 오븐에 사용할 수 있는 용기가 따로 있어요. 기억해 두었다가 알맞은 용기를 선택하세요.

가능한 것: 내열 유리 / 도자기 / 금속 용기 / 쿠킹 포일 / 종이 포일

불가능한 것: 일반 유리 / 나무 용기 / 랩 / 비닐팩

Basics of Cooking 2
# 주걱으로 섞으면 반죽 끝!
# 무반죽빵 만들기

손목이 시큰거리도록 반죽할 필요 있나요?
밀가루, 물, 이스트, 소금을 잘 섞기만 하면
반죽이 끝나는 귀차니스트 전용 레시피를 소개합니다!
복잡한 재료도, 반죽을 힘들게 치댈 필요도 없답니다.
누룽지처럼 구수한 껍질과 촉촉하면서
담백한 속이 매력적인 무반죽빵을 만들어 보세요.

**필수 재료**
밀가루 중력분(반죽용 4컵 + 덧가루용 ½컵) • 인스턴트 드라이이스트(0.1) • 소금(0.3)
이스트는 빵을 부풀게 하는 효모예요. 마트나 인터넷 쇼핑몰에서 구입할 수 있어요.

#01

볼에 밀가루 중력분(4컵),
드라이이스트(0.1),
소금(0.3)을 넣어 잘 섞고,

#02

물(2컵)을 부은 뒤 주걱으로 마른 가루가 보이지 않을 때까지
섞고,

#03

랩을 씌워 구멍을 뚫은 뒤 실온에서 12~18시간 발효하고,
반죽이 숨을 쉴 수 있도록 랩을 포크로 구멍을 여러 개 뚫어요.
반죽이 2배로 부풀고 기포가 전체적으로 올라오면 발효가 잘된 거예요.

#04

도마 위에 덧가루(¼컵)를 뿌린 뒤 반죽을 올려 15분 정도 중간 발효하고,

#05

가장자리를 차례로 한 번씩 접고,
접을 때 반죽이 너무 진득거리면 중간중간 덧가루를 뿌려요.

#06

반죽의 접힌 부분에 유산지를 놓고 뒤집은 뒤 반죽에 나머지 덧가루(¼컵)를 골고루 뿌리고 랩을 씌워 2시간 정도 2차 발효하고,
반죽에 랩이 달라붙지 않도록 덧가루를 충분히 뿌려요.

#07

뚝배기는 뚜껑을 덮은 채 220℃로 예열한 오븐에 넣어 30분 정도 달군 뒤 꺼내 유산지에 올려진 반죽을 그대로 뚝배기에 담고,
뚝배기를 미리 예열하면 내부 온도가 높아져 빵이 더 잘 부풀어요.

#08

뚜껑을 덮어 오븐에 넣고 30분 구운 뒤 뚜껑을 열어 25분 정도 겉이 노릇해지도록 구워 마무리.
뚜껑을 덮었을 때 생긴 수분이 빵의 표면을 더욱 바삭하게 만들어요.

### Plus tip 무반죽빵 더 맛있게 먹기

**보관법**

오븐에서 꺼낸 무반죽빵은 식힘망에 올려 충분히 식힌 뒤 원하는 두께로 잘라 먹어요. 빵은 시간이 지날수록 수분이 빠져 맛이 떨어지므로 먹을 만큼씩 소분해 밀봉한 뒤 냉동실에 보관하세요.

**요리법**

버터와 달걀, 설탕을 넣지 않아 달지 않고 담백해서 다양하게 활용이 가능해요. 올리브유에 발사믹식초를 3:1이나 2:1 비율로 섞어 콕 찍어 먹어요. 팬이나 토스트기에 살짝 구워 버터와 잼을 발라 먹어도 맛있어요. 리코타치즈를 듬뿍 올려 먹으면 레스토랑에서 먹던 그 맛! 수프나 샐러드에 곁들이면 든든한 한 끼 식사로 손색없어요. 얇게 썬 뒤 다양한 재료를 넣고 샌드위치로 만들어도 좋아요. 모차렐라치즈를 듬뿍 넣고 치즈가 녹을 때까지 그릴팬에 눌러가며 구우면 이탈리아식 샌드위치인 파니니 완성!

Basics of Cooking 3
# 요리 초보들을 위한 요리 꿀팁

레시피를 보고 그대로 따라 요리했는데도 실패하는 경우가 종종 있어요.
눈대중으로 대충 요리해도 맛을 내는 고수를 보면 그저 놀라울 따름이죠.
도대체 무슨 차이가 있는 건지, 실패의 원인을 몰라 답답했다면 헤매기 쉬운 조리 포인트를
콕콕 짚어 미리 확인해 보세요. 책에 실린 레시피를 따라 할 때 톡톡히 도움이 될 거예요.

### CASE 1 · 누가 스크램블이 가장 쉽다고 했나요?

스크램블이 팬에 다 달라붙거나 너무 단단해졌다면? 센 불에서 오래 볶지 않았나 생각해 보세요. 촉촉한 스크램블 만드는 노하우를 알려 드릴게요. 중간 불로 달군 팬에 식용유(2)를 두르고 달걀물(달걀 3개+소금 0.1+후춧가루 약간)을 부은 다음 살짝 바닥이 익기 시작하면 중약 불로 줄이고 젓가락으로 달걀을 휘저어 주세요. 바닥에 눌어붙지 않도록 저으면서 볶다가 전체적으로 몽글몽글 뭉치고 군데군데 촉촉한 달걀물이 남아 ⅔ 정도 익으면 바로 꺼내고요. 잔열로도 충분히 익으니까 팬에서 너무 바싹 익히지 마세요.

### CASE 2 · 요리할 때마다 허둥지둥 너무 바쁘고 주방이 엉망이 돼요

두 가지 이상의 요리를 동시에 할 때면 타이밍 맞추기가 참 어렵죠? 재료를 손질하다 보면 어느새 국이 끓어 넘치고, 돌아서면 금방 재료가 타기도 하죠. 무작정 조리하기보다는 먼저 레시피를 살펴보고 요리 순서를 머릿속에 그려보세요. 그리고 각 요리에 들어가는 재료를 미리 손질해 한쪽에 준비해 두세요. 언제든 정확한 타이밍에 투입할 수 있도록 밑준비를 해두는 거죠. 양념장이 필요하면 미리 섞어 두고요. 불에 올리기 전에 모든 재료와 양념장이 준비되었는지 체크하고, 남은 식재료나 설거지거리를 한 번 치우고 난 뒤 요리를 이어가면 한결 말끔해요. 국물요리의 물이나 육수를 끓이는 동안 볶음요리나 무침 재료를 준비하고, 국이 얼추 다 되어갈 때 재료를 무치거나 볶아 완성하세요. 그래야 식거나 물이 생기지 않거든요. 자신이 없다면 국을 먼저 끓여두고 잠시 불을 끈 뒤 나머지 요리가 완성될 즈음 국을 다시 데우세요. 고기나 볶음, 면 요리처럼 오래 두면 식거나 불어 버리는 요리를 가장 마지막에 완성하는 게 좋아요.

### CASE 3 · 양념한 고기는 왜 매번 타나요?

불이 너무 셌던 건 아닌가요? 중간 불 정도로 불의 세기를 맞추고 중간중간 뒤적여야 양념이 타지 않아요. 재료를 먼저 익히다가 양념장을 붓고 섞는 방법도 있어요. 약한 불에서 오래 볶으면 육즙이 빠져 물기가 생기고, 센 불에서 오래 볶으면 고기가 퍽퍽해지므로 중간 불이 가장 안전해요. 또 너무 많은 양을 한꺼번에 볶으면 익을 때까지 시간이 오래 걸려 육즙이 빠지고 물도 생겨요. 포인트는 팬 크기에 맞는 적당한 양만 넣고 자주 뒤적이면서 익히기!

### CASE 4 — 내가 만든 스파게티는 항상 퉁퉁 붇거나 덩어리져요

스파게티 삶을 물을 끓이는 동안 다른 재료들을 미리 손질하세요. 삶은 면을 너무 오래 두면 면이 말라 뻣뻣해져요. 면은 소스에 한 번 더 볶을 거라면 너무 푹 삶지 마세요. 6~7분 정도, 면 중간에 흰 심지가 남을 정도(알덴테)로 삶아 건지고요. 소스를 끓이는 팬에 넣어 가볍게 버무리면 딱 맞아요. 면 삶은 물(면수)은 남겼다가 면을 볶을 때 빡빡하다 싶으면 약간씩 넣어 주세요.

### CASE 5 — 내가 만든 볶음밥은 왜 이렇게 질고 느끼할까요?

고슬고슬한 볶음밥을 원하면 뜨겁거나 진밥 대신 고슬고슬한 미지근한 밥이나 찰기 없는 찬밥을 사용하세요. 즉석밥도 원래의 조리시간보다 반 정도 짧게 데워 사용하는 게 좋아요. 식용유의 양이 너무 많아도 느끼해지고, 양파, 버섯, 애호박처럼 수분이 많은 재료를 약한 불로 오래 볶으면 물이 나와서 질어져요. 센 불로 밥알을 기름에 코팅하듯 재빨리 볶아야 밥알이 나풀나풀한 볶음밥이 된답니다.

### CASE 6 — 생선구이를 하는데 원래 이렇게 잘 부서지나요?

통째로 구워 쉬울 것 같지만 껍질은 벗겨지고, 팬에 눌어붙고, 살점이 잘 부서지는 생선구이. 생선의 물기부터 잘 제거해야 껍질이 벗겨지지 않아요. 키친타월로 지그시 눌러서 물기를 닦아주고요. 몸통에 사선으로 칼집을 넣은 다음 소금으로 밑간하면 간도 배고 육질이 단단해져요. 그 다음 밀가루나 녹말가루를 가볍게 묻혀 털어내세요. 껍질에 바삭한 식감이 입혀지고 모양도 흐트러지지 않고 깔끔하게 구워져요.

### CASE 7 — 기름 온도를 맞춰서 튀김을 만들었는데 왜 흐물거릴까요?

기름 양에 비해 많은 재료를 한 번에 모두 넣어 튀기면 튀김 온도가 낮아져서 재료가 익는 시간이 길어지고 기름 흡수율이 높아져요. 재료는 식용유 부피의 ⅔ 이상 넣지 말고, 반죽을 입히기 전에 재료의 물기를 잘 제거해 주세요. 적당한 온도로 예열한 기름에 넣어 튀기고, 다 튀겨진 뒤에는 겹쳐 담지 말고 키친타월이나 유산지에 펼쳐 두세요.

Basics of Cooking 4
# 이 정도면 만능! 감자칼 활용법

요리에 슬슬 재미를 느껴갈 쯤이면 장비 욕심이 슬그머니 생겨나죠?
하지만 잠시 멈춰 서서 이미 가지고 있는 요리 도구를 잘 살펴보세요.
감자칼 하나만 잘 써도 요리하는 즐거움이 배가 된답니다.
채소 껍질만 벗긴다는 생각은 그만! 슥슥 밀기만 해도 요리의 맛과 비주얼이 확 살아나요.

### 오이롤 썰기
오이를 좀 더 세련되게 써는 방법. 길고 매끈한 모양이 오이롤이나 군함말이에 사용하면 딱이죠. 샐러드에 넣어도 좋고요. 오이를 도마에 놓고 한 손으로 끝을 잡은 뒤 감자칼을 이용해 길이대로 쭉쭉 밀어 주는 것이 포인트! 일정한 힘으로 밀어야 두께가 일정하답니다. 당근, 무, 호박, 가지 등 다양한 채소를 같은 방법으로 썰어 보세요.

### 종잇장 감자칩
역시 감자칼은 감자를 깎을 때 빛이 나는 법! 감자칼로 얇게 깎아 튀기면 파는 것보다 더 맛있는 감자칩을 만들 수 있답니다. 한 손으로 감자를 움켜쥐고 감자칼을 이용해 최대한 넓고 얇게 깎는 것이 바삭함의 비법! 중간에 끊어져도 걱정하지 말고 거침없이 깎아 주세요. 찬물에 담가 전분기를 빼고 체에 밭쳐 물기를 완전히 없앤 뒤 170℃ 튀김기름에서 바삭하게 튀겨요. 키친타월에 올려 기름기를 빼면 완벽해요.

### 우엉 채 썰기
초보자에게 너무도 어려운 우엉 채 썰기. 단단해서 칼질하기도 쉽지 않고 자칫 손을 다치기 쉬운데 감자칼만 있다면 문제없어요. 우엉의 껍질을 벗기고 원하는 길이로 등분한 뒤 감자칼을 세로로 밀면서 연필을 깎듯 우엉을 돌려가며 깎아 주세요. 쉽고 빠르게 우엉 채를 썰 수 있답니다. 두께가 얇아 양념이 쏙쏙 잘 배요.

## 버터 긁기

냉장실에서 바로 꺼낸 버터는 칼이나 숟가락이 들어가지 않을 정도로 단단하죠? 먹을 만큼 미리 잘라 꺼내 놓기도 참 번거롭고요. 아무리 단단한 버터라도 감자칼로 윗면을 슥슥 가볍게 밀면 부드럽게 벗겨진다는 사실! 벗겨낸 버터 조각을 따뜻한 토스트 위에 올리면 금방 녹아 먹기도 편해요.

## 초콜릿컬 만들기

파르메산치즈를 감자칼로 얇게 저미듯 긁으면 피자나 파스타에 활용할 수 있는 것처럼 제과용 초콜릿 역시 손바닥으로 문질러 겉을 살짝 녹인 뒤 감자칼로 긁으면 홈베이킹의 격을 높이는 초콜릿컬을 만들 수 있어요. 초콜릿은 단단해서 강하게 밀어야 모양이 예쁘게 나온답니다. 데코레이션이 어려운 생크림 케이크 위에 풍성하게 올리면 어설픈 아이싱 실력도 감출 수 있고 모양도 근사해요.

## 레몬 껍질 벗기기

레몬 껍질은 버리지 마세요. 에이드, 샐러드, 생선요리, 베이킹 등 다양한 요리에 상큼한 향을 더해 주거든요. 강판이나 레몬 제스터가 없어도 레몬 껍질을 깔끔하게 벗겨낼 수 있는 방법은 바로 감자칼. 노란 겉껍질 부분만 살살 벗겨 요리에 더하면 레몬의 풍미가 업그레이드된답니다. 쓴맛이 나는 껍질의 하얀 부분은 꼭 제거하시고요. 레몬 껍질에는 농약이나 코팅 왁스가 묻어 있을 수도 있으니 소주로 닦아내거나 베이킹소다 또는 식초를 탄 미지근한 물에 10분 이상 담가 두었다가 흐르는 물에 비벼 씻어야 돼요.

Basics of Cooking 5
# 계량법

 **밥숟가락으로 쉽게 계량하기**

**가루 분량 재기**

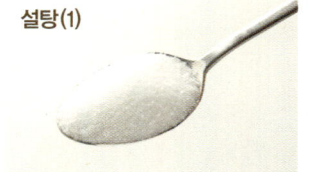
설탕(1)
숟가락으로 수북이 떠서 위로 볼록하게 올라오도록 담아요.

설탕(0.5)
숟가락의 절반 정도만 볼록하게 담아요.

설탕(0.3)
숟가락의 ⅓정도만 볼록하게 담아요.

**다진 재료 분량 재기**

다진 마늘(1)
숟가락으로 수북이 떠서 꼭꼭 담아요.

다진 마늘(0.5)
숟가락의 절반 정도만 꼭꼭 담아요.

다진 마늘(0.3)
숟가락의 ⅓정도만 꼭꼭 담아요.

**장류 분량 재기**

고추장(1)
숟가락으로 가득 떠서 위로 볼록하게 올라오도록 담아요.

고추장(0.5)
숟가락의 절반 정도만 볼록하게 담아요.

고추장(0.3)
숟가락의 ⅓정도만 볼록하게 담아요.

**액체 양념 분량 재기**

간장(1)
숟가락 한가득 찰랑거리게 담아요.

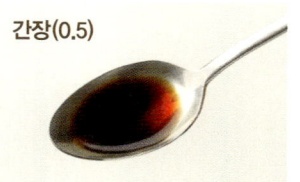
간장(0.5)
숟가락의 가장자리가 보이도록 절반 정도만 담아요.

간장(0.3)
숟가락의 ⅓정도만 담아요.

## #2 손으로 쉽게 계량하기

콩나물(1줌)
손으로 자연스럽게 한가득 쥐어요.

시금치(1줌)
손으로 자연스럽게 한가득 쥐어요.

국수(1줌=1인분)
500원 동전 굵기로 가볍게 쥐어요.

## #3 종이컵으로 쉽게 계량하기

육수(1컵=180㎖)
종이컵에 가득 담아요.

육수(½컵=90㎖)
종이컵의 절반만 담아요.

밀가루(1컵=100g)
종이컵에 가득 담아 윗면을 깎아요.

다진 양파(1컵=110g)
종이컵에 가득 담아 윗면을 깎아요.

아몬드(½컵)
종이컵의 절반만 담아요.

멸치(1컵)
종이컵에 가득 담아요.

## #4 눈대중으로 분량 재기

애호박(½개=100g)

양파(¼개=50g)

무(1토막=150g)

당근(½개=100g)

마늘(1쪽=5g)

생강(1쪽=7g)

---

**Plus tip  '+'표시의 의미**

**양념장, 소스, 드레싱**
음식을 만들기 전에 미리 섞어 놓으면 좋은 양념. 미리 섞어 두면 숙성되면서 맛이 어우러져 더 깊은 맛을 내요. 재료에 +로 표시되어 있다면 미리 섞어 두세요.

**Plus tip  그 외 알아두기**

**약간** 소금 등을 약간 넣었다면 엄지와 검지로 살짝 집은 정도를 말해요.
**필수 재료** 필수 재료는 음식을 만들기 위해서 꼭 필요한 재료를 말해요.
**선택 재료** 선택 재료는 있으면 좋지만 기본적인 맛을 내는 데는 크게 영향을 끼치지 않는 재료를 말해요. 대체하거나 생략이 가능해요.
**양념** 다진 마늘, 간장, 고추장, 설탕 등 요리의 맛을 내기 위해서 쓰이는 재료예요.

CHAPTER 2

매일 먹어도 좋은 친근한 집밥
**정선편**

## 별다른 양념 없이도 놀라운 맛
# 쌈장볶음밥

삼시세끼 정선편 시즌2의 첫 요리는 바로 쌈장볶음밥!
변변한 재료는커녕 냉장고도 없는 정선의 부엌은
자취생보다 더 열악한데요.
갖은 양념을 섞은 쌈장만 있으면 감칠맛과
고소한 풍미가 있는 볶음밥을 만들 수 있답니다.
뚝딱 완성되는 정선표 일품요리,
이밥차의 요리팁과 함께 더 맛있게 따라해 볼까요?

## Ready 2인분

**필수 재료**
채소(감자, 양파, 버섯, 고추 등) • 1컵 분량,
밥 • 2공기, 달걀 • 1개

**쌈장 재료**
다진 마늘 • 0.5, 된장 • 1, 고추장 • 1,
참기름 • 0.7

#01

**쌈장 재료**를 고루 섞고,

#02

채소는 잘게 다지고,

#03

달군 팬에 식용유(2)를 두르고 감자를
볶다가 가장자리가 투명해지면 양파와
버섯, 고추를 넣어 센 불로 볶고,

**이밥차의 세끼 레시피 체험기**
채소를 익힐 땐 한꺼번에 넣기 보다 단단한
채소부터 무른 것까지 차례로 넣어야 각각의
재료가 모두 적당히 익어 식감이 더 좋아요.

#04

양파가 투명해지면 밥을 넣어 중간
불로 볶고,

#05

달걀을 풀어 볶음밥에 붓고,
덩어리지지 않게 고루 저어가며 볶고,

**이밥차의 세끼 레시피 체험기**
달걀물을 부어 볶으면 촉촉한 볶음밥이 완성돼요.
다만, 불이 약하면 밥이 질척거릴 수 있으니 많이
넣지는 않는 게 좋아요. 중국집 볶음밥처럼
고슬고슬한 맛을 원한다면 달걀을 따로 볶아
스크램블을 만들어 밥과 섞어요.

#06

쌈장을 조금씩 넣어 가며 볶아 간을
맞춰 마무리.

1화

밥 한 그릇 가뿐하게 후루룩
## 얼갈이된장국

3개월 만에 다시 찾은 정선. 봄을 맞은 농촌에는 먹을거리가 다양하네요.
푸른 잎채소 하나만 뚝뚝 썰어 넣으면 구수하고 향긋한 국이 금세 완성돼요.
간단하게 밥 한 그릇 훌훌 넘기기 딱 좋은 얼갈이 된장국.
우리 집 밥상에도 초대해 보세요.

## Ready 4인분

**필수 재료**
얼갈이배추 • 5포기, 애호박 • ⅓개,
두부 • ½모=140g

**선택 재료**
붉은 고추 • 1개

**육수 재료**
국물용 멸치 • 15마리

**양념**
된장 • 3

#01

물(6컵)에 국물용 멸치를 넣고 15분간 끓이고,

#02

얼갈이배추는 밑동을 잘라 흐르는 물에 씻고,

#03

얼갈이배추는 2~3등분하고,
애호박과 두부는 한입 크기로 썰고,
붉은 고추는 어슷 썰고,

#04

멸치를 건져낸 뒤 육수에 된장(3)을
풀고 얼갈이배추를 넣어 중간 불로
끓이고,

**이밥차의 세끼 레시피 체험기**
시간 여유가 있다면 얼갈이배추를 끓는
소금물(물 5컵+소금 0.3)에 줄기 부분부터 넣어
2~3분간 데친 뒤 된장에 버무렸다가 국을 끓여
보세요. 얼갈이에 간도 잘 배고 풋내가 나지 않아요.

#05

얼갈이배추가 부드러워지면 애호박과
두부, 고추를 넣고 끓여 마무리.

## 1화

처음 만들어도 어쩜 이리 맛있니
# 파김치

경선에서는 쌀뜨물처럼 묽은 밀가루풀 때문에 파를 절일 때 애를 먹었죠.
파를 다시 꺼내 양념장을 만들어 십패소생술까지 하는 일이 발생하고 말았어요.
이런 일이 없도록 이밥차가 밀가루풀의 비율부터
정확하게 알려드릴게요.

## Ready 8인분

**필수 재료**
쪽파 • 500g

**밀가루풀 재료**
밀가루 • 1, 물 • 1컵

**양념**
멸치액젓 • 1컵, 고춧가루 • 1컵,
다진 마늘 • 2, 매실청 • 5, 참깨 • 0.2

#01

쪽파는 깨끗이 다듬어 씻은 뒤 물기를 빼고 액젓(1컵)을 고루 뿌려 1시간가량 절이고,

**이밥차의 세끼 레시피 체험기**
소금 대신 액젓에 버무리면 감칠맛 나게 절여져요. 생으로 만들면 보관하는 동안 물이 생기거나 양념이 제대로 버무려지지 않아 오래 두고 먹기 어려워요.

#02

냄비에 밀가루(1)와 물(1컵)을 넣고 중약 불에서 저어가며 되직한 농도가 될 때까지 끓여 식히고,

**이밥차의 세끼 레시피 체험기**
쪽파, 열무와 같이 풋내가 나는 재료에는 풀을 넣어야 맛이 부드러워지고 풋내가 덜해요. 찹쌀가루풀보다 밀가루풀을 넣었을 때 김치가 더 빨리 익으니 참고하세요.

#03

절인 파를 건져낸 뒤 남은 액젓 국물에 나머지 양념과 밀가루풀을 넣어 고루 섞고,

#04

양념에 쪽파를 넣어 고루 무친 뒤 밀폐용기에 담아 마무리.

**이밥차의 세끼 레시피 체험기**
만들어 바로 먹는 것보다는 반나절에서 하루 정도 숙성시키면 맛이 더 잘 배요.

### 1화

마틸다의 선물
# 스크램블에그&아스파라거스구이

닭 그룹이 갓 낳은 따끈따끈한 달걀을 듬뿍 사용한 신선한 아침 밥상.
잭슨의 우유까지 넣어 한층 건강해졌어요.
병아리처럼 노란 스크램블에그와 파릇파릇한 아스파라거스의
환상적인 조화가 입맛 당기는 메뉴예요.
각각의 재료가 예쁜 색으로 익도록 불조절에 주의하며 익혀 주세요.

## Ready 2인분

**필수 재료**
채소(양파, 감자, 버섯, 쪽파 등) · ⅔컵 분량,
아스파라거스 · 4대 · 달걀 · 4개, 우유 · ½컵
입맛에 맞는 다양한 채소를 사용하세요.

**양념**
소금 · 0.2, 후춧가루 · 약간

#01

채소는 잘게 다지고, 아스파라거스는 깨끗이 씻어 밑동을 자른 뒤 3~5등분 하고,

#02

곱게 푼 달걀에 우유(½컵), 소금(0.2), 후춧가루를 고루 섞고,

#03

달걀물에 다진 채소를 섞고,

#04

센 불로 달군 팬에 식용유(2)를 두르고 아스파라거스를 볶아 꺼내고,

**이밥차의 세끼 레시피 체험기**
아스파라거스는 두께에 따라 익히는 방법과 시간에 차이가 있어요. 이밥차에서 사용한 것처럼 손가락 굵기만 한 두꺼운 아스파라거스는 끓는 물에 소금을 약간 넣고 색이 선명해질 때까지 15~20초 정도 데쳐요. 소금을 넣어야 간도 배고 색이 선명해집니다. 아스파라거스가 제철인 4~5월에는 줄기가 연하고 두께가 얇아 기름기가 골고루 돌 때까지 볶기만 해도 맛있어요.

#05

팬에 식용유(2)를 더 두르고 달걀물을 부어 완전히 익기 전에 젓가락으로 저어가며 스크램블에그를 만들고,

#06

접시에 스크램블에그와 아스파라거스 구이를 담아 마무리.

## 1화

이밥차표 맛보장 양념장으로 만든
# 비빔국수

소박하고 만만한 점심 메뉴로 제격인 비빔국수.
정선팀은 매실액을 넣어 매콤새콤한 맛을 잘 살려서 만들었어요.
상추 하나만 올린 비빔국수가 심심하다면 아삭한 채소의 식감을 느낄 수 있도록
파김치를 척 걸쳐 먹어도 좋겠죠.

**Ready** 2인분

**필수 재료**
달걀 • 1개, 상추 • 5장, 소면 • 2줌

**양념장**
설탕 • 1 + 식초 • 2 + 다진 마늘 • 0.3 +
고추장 • 2 + 매실액 • 1 + 참기름 • 0.5 +
참깨 • 0.2

#01
냄비에 달걀을 넣고 잠길 만큼의 물을
부어 중간 불로 15분간 삶고,

#02
달걀을 찬물에 헹군 뒤 껍질을 벗겨
2등분하고, 상추는 채 썰고,

#03
끓는 물(4컵)에 소면을 넣고 삶아
찬물에 헹궈 물기를 빼고,

**이밥차의 세끼 레시피 체험기**
소면을 쫄깃하고 탱탱하게 삶는 노하우를 알려
드릴게요. 끓는 물에 소면을 넣고 끓이다 거품이
올라올 때 찬물 한 컵을 조금씩 나눠 부어 주세요.
끓어오르면 약간의 찬물을 붓는 과정을 세 번 정도
반복하면 소면이 거의 익을 거예요. 몇 가닥 건져
상태를 본 뒤 다 익었으면 바로 찬물에 담가
비벼 씻어요. 전분기가 모두 씻겨나갈 정도로
여러 번 씻는 것이 좋답니다.

#04
양념장을 만들고,

#05
삶은 소면은 양념장을 넣고 버무려
그릇에 담은 뒤 상추와 달걀을 얹어
마무리.

감자 요리, 최고의 클래스
# 감자전

정선의 무쇠 솥뚜껑에 구우면 뭐든 세 배는 맛있어 보이는 것 같아요.
넓은 솥뚜껑을 충분히 달궈 전을 부치면 지글지글 익는 소리만으로도 군침이 도네요.
집에서 만들 땐 조금 더 작은 사이즈로 부치는 게 만들기도 편하고 고루 잘 익어요.
팬을 충분히 달군 상태에서 반죽을 올려야 기름도 덜 먹고 노릇하게 잘 익는답니다.

## Ready 3인분

**필수 재료**
감자 • 3개, 양파 • ½개, 밀가루 • 3

**선택 재료**
어슷 썬 붉은 고추 • 1개 분량

**양념**
소금 • 0.2

#01
감자는 껍질을 벗겨 찬물에 담그고,

**이밥차의 세끼 레시피 체험기**
갈변을 막기 위한 과정이에요.

#02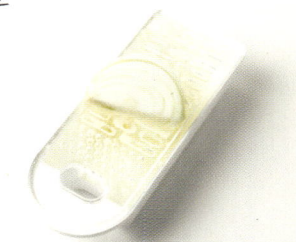
양파는 껍질을 벗겨 강판에 갈고,

#03
감자를 갈아 소금(0.2), 간 양파와 섞고,

**이밥차의 세끼 레시피 체험기**
소금을 넣으면 밑간도 되고 감자의 갈변도 막을 수 있어요.

#04
반죽에 밀가루(3)를 섞고,

**이밥차의 세끼 레시피 체험기**
밀가루를 넣으면 전이 쉽게 부서지지 않아요. 단, 너무 많이 넣으면 감자 특유의 촉촉하고 보들보들한 맛이 사라져요. 밀가루 대신 부침가루를 사용해도 좋아요. 수분이 너무 많을 때는 숟가락으로 국물을 떠내거나 면포로 감싸 물기를 짜내요.

#05
중간 불로 달군 팬에 식용유(3)를 두르고 반죽을 얹어 아랫면이 익으면 붉은 고추를 얹고 뒤집어 조금 더 노릇하게 구워 마무리.

통조림으로 간단하게
# 꽁치감자고추장찌개

꽁치통조림의 기름진 국물까지 넣는 게
삼시세끼표 고추장찌개의 포인트예요.
좀 더 깔끔한 맛을 내고 싶다면 쌀뜨물에
양념을 풀고 꽁치만 건져서 넣어요.

## Ready 4인분

**필수 재료**
표고버섯 • 2개, 대파 • 10cm,
감자 • 1개, 양파 • ½개,
꽁치통조림 • 1캔=400g

**양념**
고추장 • 2, 다진 마늘 • 0.5

#01

표고버섯은 납작 썰고, 대파는 어슷 썰고, 감자는 껍질을 벗겨 한입 크기로 납작 썰고, 양파는 껍질을 벗겨 도톰하게 채 썰고.

#02

물(3컵)에 고추장(2)을 풀어 중간 불로 끓이고.

**이밥차의 세끼 레시피 체험기**
맹물보다 쌀뜨물을 사용하면 맛도 더 깊고 꽁치의 비린내도 줄일 수 있어요.

#03

국물이 끓어오르면 감자를 넣어 가장자리가 반투명하게 익으면 양파와 표고버섯을 넣어 끓이고.

#04

꽁치통조림을 국물째 다 넣어 끓이고.

**이밥차의 세끼 레시피 체험기**
생선요리는 뚜껑을 열고 끓여야 비린내가 날아가요.

#05

다진 마늘(0.5)을 넣고 한 번 더 팔팔 끓인 뒤 대파를 얹어 마무리.

**이밥차의 세끼 레시피 체험기**
다진 생강이나 청주, 청양고추, 고춧가루를 넣으면 비린내도 잡고 더 풍부한 맛을 낼 수 있어요.

## 시판 믹스 없이도 뚝딱 만드는
# 팬케이크

방송에서는 뜨겁게 달군 솥뚜껑에 기름을 넉넉히 두르고 구워냈지만 이밥차에서는 그 반대의 방법으로 만들었어요.
중간 불에서 팬을 골고루 달군 뒤 식용유를 약간만 둘러 코팅시키고 키친타월로 닦아내요.
그 다음 반죽을 부어 중약 불에서 굽다가 반죽에 전체적으로 기포가 생기면 뒤집어 반대쪽 면도 구워주면 완성!
센 불에서 구우면 단면의 색이 얼룩덜룩해지고, 기름을 많이 두르면 반죽이 기름을 흡수해 느끼해질 수 있어요.

## Ready 2인분

**반죽 재료**
밀가루(박력분) • 1컵=110g, 설탕 • 2,
소금 • 0.1, 베이킹파우더 • 0.2, 달걀 • 1개,
우유 • ⅓컵=60㎖, 올리브유 • 2

#01

밀가루(1컵)와 설탕(2), 소금(0.1),
베이킹파우더(0.2)를 섞어 체에 내리고,

**이밥차의 세끼 레시피 체험기**
가루분을 체에 쳐서 사용하면 재료가 고루 잘
섞이고 매끈한 반죽을 만들 수 있어요.

#02

곱게 푼 달걀에 우유(⅓컵)를 섞고,

#03

체에 내린 가루분과 달걀물을 섞은 뒤
올리브유(2)를 섞고,

**이밥차의 세끼 레시피 체험기**
방송에서는 버터 대신 올리브유를 사용했는데요.
정석대로 버터(2=20g)를 사용할 땐 녹여서
넣어야 고루 잘 섞여요. 그래야 반죽이 팬에
들러붙지 않고 부드러운 식감으로 만들 수 있어요.

#04

달군 팬에 식용유를 둘러 키친타월로
닦아낸 뒤 반죽을 얹어 중약 불에서
굽고, 기포가 전체적으로 생기면
뒤집어 노릇하게 구워 마무리.

**이밥차의 세끼 레시피 체험기**
꿀이나 과일, 버터 등을 올려 달콤한 맛을 더해도
맛있고, 든든하게 먹고 싶을 땐 구운 소시지나
베이컨, 스크램블에그 등을 곁들여도 좋아요.

## 구수한 시골의 맛을 한입에!
# 강된장쌈밥

출연자들이 강된장 올려 쌈 싸먹는 모습에 입맛만 다셨다고요?
구수한 시골의 맛을 우리 집 밥상에도 그대로 전달해보세요.
집에 있는 된장의 종류나 맛에 따라 된장의 양을
가감해서 넣어야 짜지 않고 입맛 당기는 강된장이 된답니다.
된장이 짜서 적은 양밖에 사용할 수 없을 때는
두부를 으깨서 넣으면 간도 약해지고 걸쭉한 농도를 낼 수 있어요.

## Ready 1컵 분량

**필수 재료**
표고버섯 · 1개, 감자 · ½개, 양파 · ¼개
쪽파 · 2대, 청양고추 · ½개,
쌈채소 또는 나물 · 적당량

**육수 재료**
국물용 멸치 · 10마리,
다시마 · 1장=10×10cm

**양념**
된장 · 2, 다진 마늘 · 0.5

#01

냄비에 물(2컵)과 **육수 재료**를 넣어
중간 불에서 끓어오르면 다시마를
건지고 중약 불로 줄여 10분간 더 끓인
뒤 멸치를 건지고,

#02

표고버섯, 감자, 양파는 굵게 다지고,
쪽파, 청양고추는 송송 썰고,

#03

육수에 된장(2)을 풀어 팔팔 끓어오르면
다진 채소와 다진 마늘(0.5)을 넣고
저어가며 중간 불로 끓이고,

#04

물기가 반으로 줄어 걸쭉한 농도가
되면 불을 끄고,

#05

쌈채소나 데친 나물을 곁들여 마무리.

**이밥차의 세끼 레시피 체험기**
방송에서처럼 두릅과 곰취를 끓는 물(5컵)에
소금(0.3)을 넣고 데쳐 곁들여도 좋고 찐 양배추나
다양한 쌈채소를 곁들여도 별미예요. 평소에
먹지 않던 채소도 분위기에 휩쓸려 맛있게 먹게 될
거예요.

### 곱창구이의 화룡점정
# 양대창구이볶음밥

요리를 시작하자마자 연예인에서 곱창집 딸로 변신한 여자 게스트!
덕분에 출연자들 모두 쫄깃한 식감에 중독되는 곱창의 매력에 빠져 들었어요.
마무리는 역시 고기구이의 화룡점정 볶음밥!
볶음밥의 든든한 친구 김가루는 물론 맛깔난 양념장으로
집에서도 고깃집 부럽지 않게 맛깔나게 볶아 보세요.
만들고 바로 먹어야 고소하고 쫀쫀한 그 맛을 제대로 즐길 수 있어요.

## Ready 2인분

**필수 재료**
구운 양념 양대창 • 2컵, 밥 • 2공기,
김가루 • 적당량

**선택 재료**
실파 • 5대
실파 대신 쪽파(2대)를 사용해도 돼요.

**양념장**
간장 • 1 + 고추장 • 2 + 올리고당 • 2 +
참기름 • 1.5 + 부순 참깨 • 1 +
후춧가루 • 약간

#01

양념장을 만들고,

#02

실파는 송송 썰고, 양대창도 잘게 썰고,

**이밥차의 세끼 레시피 체험기**
볶음밥에 김치를 송송 썰어 넣어 보세요. 아삭한 식감과 매콤한 맛이 더해져 더 맛있답니다.

#03

중간 불로 달군 팬에 양대창을
노릇하게 볶고,

**이밥차의 세끼 레시피 체험기**
양대창은 굽는 동안 안쪽에 붙어 있는 기름이 많이 녹아 나와요. 그래서 방송에서는 석쇠에 구웠죠. 가정에서는 중간중간 키친타월로 닦아내며 구워야 기름도 덜 튀고 볶음밥을 만들었을 때 느끼하지 않고 맛있어요.

#04

밥과 양념장을 넣어 비벼가며 볶고,

#05

밥에 양념이 고루 섞이면 실파와
김가루를 얹어 마무리.

# 비법 가루로 색다르게
## 들깨미역국

요리가 맛있어지는 비밀 가루, 들깻가루를 넉넉히 넣어
육수를 내지 않아도 맛이 부족하지 않아요.
요리 초보도 고수만큼 쉽게 맛내는 비법이랍니다.
들깨칼국수처럼 걸쭉하고 진한 국물을 원하면 찹쌀가루와 들깻가루를 섞어서 넣어요.
찹쌀가루는 미역국 국물을 한 국자 정도 퍼내서 고루 푼 뒤 넣어야 덩어리지지 않아요.

## Ready 4인분

**필수 재료**
마른 미역 · ⅓컵=15g, 들깻가루 · 4

**양념**
들기름 · 2, 국간장 · 1.5, 다진 마늘 · 0.5,
소금 · 약간

#01

마른 미역은 찬물에 담가 15분간 불려
물기를 짠 뒤 먹기 좋은 크기로 썰고,

#02

냄비에 들기름(2)을 둘러 불린 미역을
중약 불에서 볶고,

**이밥차의 세끼 레시피 체험기**
방송에서는 미역을 참기름에 볶았죠. 높은 열로
조리할 때는 발연점이 낮은 참기름보다는
들기름이 더 좋아요. 들기름이 없을 때는 참기름과
식용유를 1:1 비율로 섞어서 사용해요.

#03

물(5컵)을 붓고 국간장(1.5)을 넣어
센 불에서 끓어오르면 중간 불로 줄여
10분간 끓이고,

**이밥차의 세끼 레시피 체험기**
맹물 대신 멸치다시마육수나 쌀뜨물을 넣으면 더
깊은 맛의 미역국을 만들 수 있어요.

#04

들깻가루(4)와 다진 마늘(0.5)을 넣어
5분간 더 끓인 뒤 부족한 간은
소금으로 맞춰 마무리.

3화

## 질리지 않는 밥상의 단골
# 콩자반

밥상에 올리면 자꾸만 숟가락을 끌어당기는 마성의 밑반찬이죠.
은근히 실패하는 사람이 많은데, 한 가지만 기억하면
삼시세끼 팁처럼 힘들이지 않고 뚝딱 성공할 수 있어요.
우선 검은콩을 부드럽게 익도록 잘 삶고, 그 뒤에 양념한다!
이 순서만 지키면 딱딱한 콩자반은 영영 굿바이예요.

**Ready** 4인분

**필수 재료**
검은콩 • 1컵

**양념**
설탕 • 1, 간장 • 4, 물엿 • 2, 참깨 • 0.2

#01

검은콩은 깨끗이 씻은 뒤 물에 담가 4시간 정도 불리고,

**이밥차의 세끼 레시피 체험기**
콩은 깨끗이 씻어 불려서 사용해야 삶는 시간을 줄일 수 있고 속까지 부드럽게 삶을 수 있어요.

#02

냄비에 불린 콩을 담고 콩이 잠길 만큼의 물을 부어 중간 불에서 삶고,

#03

콩이 완전히 익었으면 설탕(1), 간장(4), 물(⅔컵)을 넣어 국물이 없어질 때까지 조리고,

**이밥차의 세끼 레시피 체험기**
콩알이 부드럽게 씹힐 때까지 완전히 익힌 뒤 양념을 넣어야 식감이 단단해지지 않아요.

#04

물엿(2)을 넣고 살짝 조린 뒤 참깨(0.2)를 섞어 마무리.

## 보조개가 만개하는 감동의 맛
# 일본식샤브샤브

일본식 쇠고기 전골을 삼시세끼스럽게 차려 낸 솥뚜껑 샤브샤브!
양념 맛이 어떨지, 진짜 맛있는지 궁금증이 폭발했던 메뉴죠.
이밤차가 따라해 봤더니 간장, 맛술, 설탕을 1.5 : 1 : 1의 비율로 섞었을 때
간도 적당하고 가장 맛있었어요!
자글자글 끓으면서 간장소스가 재료 사이사이
맛있게 배어들면 얼른 건져 호로록 맛보세요.

## Ready 2인분

**필수 재료**
팽이버섯 • 2줌, 표고버섯 • 4개, 두부 • 1모,
배추 • 8장, 양파 • 1개,
쇠고기(샤브샤브용) • 400g, 쑥갓 • 1줌,
달걀 • 4개

**양념**
간장 • ½컵, 맛술 • ⅓컵, 설탕 • ⅓컵

#01

팽이버섯은 밑동을 자르고,
표고버섯과 두부는 납작 썰고, 배추는
두부와 비슷한 크기로 어슷 썰고,
양파는 굵게 채 썰고.

#02

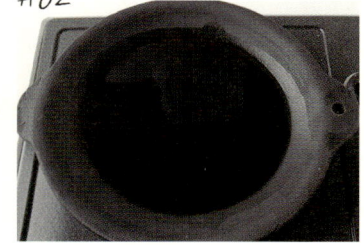

팬에 간장(½컵), 맛술(⅓컵),
설탕(⅓컵), 물(1컵)을 넣어 끓이고.

**이밥차의 세끼 레시피 체험기**
방송에서는 익히는 동안 채소에서 물이 나와 간이
약해지는 것을 고려해 따로 물을 넣지 않았지만
이밥차가 테스트했을 땐 물을 1컵 정도 넣어야
간이 딱 맞았어요.

#03

국물이 끓어오르면 손질한 재료를 넣어
끓이고.

**이밥차의 세끼 레시피 체험기**
오래 끓이면 국물이 졸으니 살짝만 익혀도 되는
재료를 넣는 게 좋아요.

#04

다시 끓어오르면 쇠고기를 넣고 익혀
쑥갓을 얹고, 곱게 푼 달걀을 곁들여
마무리.

**이밥차의 세끼 레시피 체험기**
곱게 푼 달걀에 익힌 재료를 콕 찍어 먹으면
짭짤하고 고소한 맛이 환상적으로 어우러져요.
'슬슬 배가 차오른다' 싶을 때 우동이나 당면을
넣어 마지막 국물 한 방울까지 남김없이 먹는 게
삼시세끼 스타일!

## 정선에서 태어난 마성의 액체
# 모히토와 딸기에이드

텃밭에서 갓 따낸 신선한 재료로 만든 모히토와 딸기에이드!
이보다 싱싱하고 산뜻할 수 없겠죠.
애플민트를 절구통에 찧어 향을 극대화하고
탄산수와 소주를 넣으면 모히토 완성!
설탕에 재운 딸기를 으깨 탄산수와 꿀을 섞으면
딸기에이드도 완성!
남은 애플민트 잎으로
그럴싸한 비주얼까지 즐겨 보세요.

### Ready 2인분

**모히토 필수 재료**
애플민트 • 1줌, 설탕 • 3, 소주 • ½컵,
탄산수 • 1 ½컵, 얼음 • 적당량

**딸기에이드 필수 재료**
딸기 • 2컵, 설탕 • ⅓컵, 얼음 • 적당량,
꿀 • 약간, 탄산수 • 2컵

#01

절구에 애플민트를 빻고,

#02

빻은 애플민트에 설탕(3)을 넣어 고루 섞은 뒤 소주와 탄산수를 부어 섞고 얼음을 넣어 모히토 마무리.

**이밥차의 세끼 레시피 체험기**
이밥차에서는 소주와 탄산수의 비율을 1:3으로 했지만 취향에 따라 조절해도 돼요. 탄산수와 설탕 대신 사이다를 사용하면 더 간편해요.

#01

딸기와 설탕(⅓컵)을 만들기 하루 전에 버무려 절이고,

**이밥차의 세끼 레시피 체험기**
전 날 미리 준비하지 못했다면 에이드를 만들기 약 2시간 전에 설탕에 버무려도 돼요. 딸기를 잘게 썰거나 으깨면 더 쉽게 절일 수 있어요. 설탕이 녹을 때쯤 탄산수를 부어요. 넉넉히 만들었다가 우유에 섞어 딸기우유를 만들어도 좋아요.

#02

절인 딸기를 포크로 으깨고,

#03

병에 얼음을 담고 으깬 딸기와 꿀을 넣은 뒤 탄산수를 부어 딸기에이드 마무리.

**이밥차의 세끼 레시피 체험기**
취향에 따라 꿀이나 시럽의 양을 조절해 넣어요.

15분 만에 완성
# 잔치국수

외모만큼 요리솜씨 출중한 게스트가 선보인 잔치국수!
맑은 육수에 간도 슴슴해서 입맛 없는 날엔 아침 식사로 딱이에요.
육수부터 푸짐하게 끓여 놓고,
소면은 얼른 건져내 찬물 샤워로 쫄깃함을 살려 주세요.

## Ready 4인분

**필수 재료**
당근 • ⅓개, 애호박 • ⅓개, 양파 • ¼개,
소면 • 3줌=300g

**육수 재료**
국물용 멸치 • 15마리,
다시마 • 1장=15×15cm,
대파 • 15cm, 무 • 1토막, 양파 • ½개

**양념장**
송송 썬 부추 • 1대 분량 +
송송 썬 붉은 고추 • ½개 분량 +
간장 • 3 + 다진 양파 • 2 + 부순 참깨 • 0.2

#01

물(8컵)에 **육수 재료**를 넣어 끓이고,

#02

당근, 애호박, 양파는 채 썰고,

#03

**양념장**을 만들고,
**이밥차**의 세끼 레시피 체험기
참기름(0.3)을 넣으면 더 고소하고 맛있어져요.

#04

다른 냄비에 물(7컵)을 끓여 소면을
삶아 찬물에 헹궈 물기를 빼고,
**이밥차**의 세끼 레시피 체험기
삶은 소면은 덩어리지지 않도록 찬물에 여러 번
헹궈 물기를 빼둬요. 먹기 직전 육수에 담가
따뜻해지면 건져 그릇에 담아내요.

#05

육수 건더기는 건지고 채 썬 채소를
넣어 중간 불로 끓이다 채소가 익으면
삶은 국수를 넣어 면이 따뜻해질
때까지만 끓이고,

#06

그릇에 면을 담고 국물을 부은 뒤
양념장을 얹어 마무리.
**이밥차**의 세끼 레시피 체험기
육수에 감칠맛이 있어 따로 간을 하지 않아도 돼요.
입맛에 맞게 양념장으로 간을 조절하면 충분해요.

3화

## 초정밀로 배우는
# 육쪽마늘바게트

만재도에서 먼저 선보였던 아궁이 오븐을 정선에서도 오픈했어요.
이스트를 처음 만져 보는 출연자가 제빵왕이 되는 모습이 놀라웠다고요?
꼼꼼하게 레시피를 따라가면 요리 초보의 손에서도 멋지게 완성될 거예요.
이밥차가 쉽게 따라할 수 있도록 요리 과정을 초정밀로 준비했어요.

### Ready 18cm 2개 분량

**반죽 재료**
밀가루(강력분) • 2 ½컵=250g,
인스턴트 드라이이스트 • 0.5=4g,
소금 • 0.3, 물 • 1컵

**마늘소스**
설탕 • 4 + 소금 • 0.2 + 다진 마늘 • 4 +
올리브유 • 6 + 허브가루 • 0.5

#01
볼에 밀가루를 담고 이스트(0.5)와 소금(0.3)이 서로 닿지 않도록 넣은 뒤 물(1컵)을 부어 한 덩어리로 반죽하고,

**이밥차의 세끼 레시피 체험기**
이스트와 소금이 직접 닿으면 반죽의 발효가 잘 이뤄지지 않아요. 밀가루에 코팅시킨 뒤 물을 넣어 반죽해요.

#02
반죽의 표면이 매끈해질 때까지 치댄 뒤 랩을 씌워 따뜻한 곳에서 부피가 2배로 부풀 때까지 1차 발효를 하고,

**이밥차의 세끼 레시피 체험기**
1차 발효가 잘되면 반죽에 윤기가 돌며 매끈하고, 손가락으로 눌렀을 때 반죽이 원상태로 되돌아오지 않아요. 과발효가 되면 반죽에서 막걸리향과 같이 시큼한 냄새가 나요. 그리고 빵의 성형이 제대로 되지 않고 원래보다 덜 부풀어요.

#03
반죽을 손으로 눌러 가스를 뺀 뒤 두 덩어리로 나눠 표면이 매끈해지도록 타원형으로 둥글리고, 젖은 면포나 비닐을 덮어 10~15분간 중간 발효를 하고,

#04
반죽을 손으로 넓게 누르며 가스를 뺀 뒤 길게 두 번 접어 끝부분을 손으로 꼬집어 붙이고,

#05
30분간 2차 발효를 한 뒤 반죽 윗면에 사선으로 칼집을 넣고,

#06
200℃로 예열한 오븐에 넣어 20분간 구워 꺼내고,

**이밥차의 세끼 레시피 체험기**
빵을 구울 때 오븐에 물을 담은 그릇을 함께 넣거나 스팀기능으로 익히면 속이 촉촉한 바게트를 만들 수 있어요.

#07
구운 바게트를 식혀 빵칼로 어슷하게 썰고,

#08
바게트에 **마늘소스**를 발라 180℃로 예열한 오븐에 넣어 노릇하게 구워 마무리.

4화

깻잎은 선택이 아니라 필수
# 떡볶이

누구나 좋아하는 국민 간식 떡볶이.
재료에 따라 맛이 달라지는 변화무쌍한 매력이 있죠.
본적이 '신당동'이라는 멤버가 강력 추천한 맛의 포인트는 바로 깻잎이었어요.
텃밭에서 공수한 깻잎을 넣어 향긋한 옥순봉 떡볶이를 만들어 보세요.

## Ready 2인분

**필수 재료**
떡볶이떡 • 2줌, 달걀 • 2개, 양파 • ½개,
어묵 • 3장, 대파 • 10cm
어묵을 떡보다 듬뿍 넣어야 맛있어요.

**선택 재료**
깻잎 • 5장

**양념**
고추장 • 3, 꿀 • 2, 소금 • 0.2

#01

떡볶이떡은 하나씩 떼어 물에 담가 10분간 불리고,

#02

달걀은 잠길 만큼의 물을 부어 10분간 삶은 뒤 찬물에 담가 껍질을 벗기고,

**이밥차의 세끼 레시피 체험기**
식초(1), 소금(0.3)을 넣고 삶으면 달걀껍데기가 깔끔하게 벗겨져요.

#03

양파와 깻잎은 굵게 채 썰고, 어묵은 한입 크기로 네모나게 썰고, 대파는 어슷 썰고,

#04

냄비에 물(4컵)을 붓고 고추장(3)을 풀어 끓이고,

**이밥차의 세끼 레시피 체험기**
어묵을 넉넉히 넣으면 육수를 넣지 않아도 맛있어요. 어묵의 맛이 국물에 우러날 수 있도록 통통해질 때 까지 여유 있게 끓이는 게 포인트예요. 멸치(8마리)와 다시마(1장=5×5cm)를 넣고 중간 불에서 10분간 우려낸 육수를 사용해도 좋아요.

#05

국물이 끓으면 떡볶이떡과 양파를 넣고 익히다가 떡이 말랑해지면 어묵을 넣고,

#06

꿀(2)과 소금(0.2)를 넣어 간한 뒤 대파, 삶은 달걀, 깻잎을 넣어 마무리.

**이밥차의 세끼 레시피 체험기**
꿀 대신 설탕이나 물엿을 넣어 단맛을 맞춰도 돼요. 라면사리를 넣으면 국물이 빨리 졸아들 수 있어요. 면발을 따로 삶아 넣거나, 떡볶이를 어느 정도 먹은 뒤 사리를 넣고 다시 끓여 먹어요.

4화

### 배달 음식도 삼시세끼답게
# 반반무마니

치킨 좀 아는 삼시세끼팀.
배달 치킨의 진리 '반반무마니(많이)'를 재현해 냈어요.
튀김 반죽에는 맥주를, 양념장에는 다진 땅콩을 넣어 맛을 살리는 센스까지 발휘했네요.
이 특급 레시피만 있으면 오늘만큼은 전화기를 들고도 집에서 치킨을 즐길 수 있어요.

## Ready 2인분

**필수 재료**
토막낸 닭 • 1마리

**이밥차의 세끼 레시피 체험기**
닭은 볶음탕용보다 더 작게 토막 내서 사용해야 튀기는 시간이 짧아져요.

**닭 밑간**
간장 • 1.5, 후춧가루 • 0.1, 맛소금 • 0.1,
다진 마늘 • 2, 참기름 • 0.7

**튀김반죽 재료**
튀김가루 • 3컵, 녹말가루 • ½컵,
베이킹소다 • 1, 맛소금 • 0.3, 맥주 • 2컵

**양념장**
물 • ⅓컵 + 으깬 땅콩 • ¼컵 +
다진 마늘 • 1.5 + 고추장 • 2 + 케첩 • 6 +
물엿 • 3 + 고추기름 • 2

**무절임 재료**
무 • ¼개=400g, 설탕 • ⅓컵, 식초 • ⅓컵,
소금 • 0.5

#01

무는 사방 2cm 크기로 깍둑 썰고, 설탕(⅓컵), 식초(⅓컵), 소금(0.5)을 넣어 버무리고,

**이밥차의 세끼 레시피 체험기**
무에 소금을 뿌리고 살짝 절여 1차로 물기를 뺀 뒤 나머지 재료와 섞으면 식감이 더 좋아요. 무를 너무 작게 썰면 쉽게 무르고, 크면 간이 배지 않으니 사방 2cm 크기가 적당해요. 중간중간 위아래를 뒤집어 고루 절여요.

#02

양념장을 고루 섞고,

#03

닭은 **닭 밑간**에 버무려 30분간 재우고,

**이밥차의 세끼 레시피 체험기**
소금 대신 맛소금을 넣는 게 시판 치킨가루 없이 맛있는 치킨을 만들 수 있는 포인트예요. 날이 더운 여름에는 상하기 쉬우니 냉장실에서 재워요.

#04

튀김반죽의 가루류 재료를 체에 내린 뒤 맥주와 물(1컵)을 넣고 마른 가루가 보이지 않을 정도로 거품기로 저은 뒤 손질한 닭을 버무리고,

**이밥차의 세끼 레시피 체험기**
맥주를 넣으면 누린내도 잡고 튀김옷도 바삭해져요. 맹물을 넣었을 때 보다 더 맛있어요. 여기에 베이킹소다까지 넣으면 반죽이 부풀면서 튀김옷이 얇아져 식은 뒤에도 바삭바삭해요.

#05

180℃로 예열한 식용유(5컵)에 반죽을 입힌 닭을 넣어 노릇하게 튀겨 건지고,

**이밥차의 세끼 레시피 체험기**
나무젓가락을 넣어 2~3초 후에 기포가 올라오면 알맞은 온도예요.

#06

팬에 양념장을 넣고 끓어오르면 튀긴 닭의 절반을 넣고 버무려 그릇에 담고, 프라이드와 무절임을 곁들여 마무리.

숯불에는 요리 금지
# 꽈리고추멸치볶음

쉽게 만드는 만만한 반찬이지만 불조절만큼은 주의하세요.
새카맣게 타면 배우의 연기력으로도 맛있는 척하기 힘들어진답니다.
양념을 넣고 센 불에서 볶으면 쉽게 탈 수 있으니 약한 불에서,
길지 않은 시간 동안 조리하는 게 포인트예요.
꽈리고추의 숨이 죽지 않았다고 당황할 필요는 없어요.
뚜껑을 덮고 잠시만 기다리면 돼요.

## Ready 4인분

**필수 재료**
멸치 • 3컵, 꽈리고추 • 1줌
멸치는 중간 크기의 볶음용으로 준비하세요.
취향에 따라 잔멸치를 사용해도 좋아요.

**선택 재료**
다진 땅콩 • 4

**양념**
간장 • 2, 매실액 • 2

**이밥차의 세끼 레시피 체험기**
매실액 양을 줄이고, 마지막 과정에서 물엿을
넣으면 윤기가 돌아 더욱 먹음직스러워요.

#01
약한 불로 달군 팬에 멸치를 30초간
볶고,

#02
**양념**과 꽈리고추를 넣어 약한 불에서
2분간 볶다가 불을 끄고, 뚜껑을 덮어
꽈리고추의 숨이 죽을 때까지 3분간
익히고,

**이밥차의 세끼 레시피 체험기**
꽈리고추는 간이 잘 배도록 이쑤시개나 포크로
구멍을 내면 좋아요. 꽈리고추 크기에 따라 익히는
시간을 조절해요.

#03
뚜껑을 열어 다진 땅콩을 넣고 버무려
마무리.

4화

마른 미역은 물에 담가둬!
# 미역냉국

파괴적인 맛의 미역국으로 통편집을 당한 아픔이 있는 삼시세끼팀.
이번에는 심기일전해서 미역요리에 성공했어요.
마른 미역은 물에 불려 사용한다는 것만 알고 있으면
누구든 성공할 수 있을 정도로 쉬운 요리랍니다.

## Ready 4인분

**필수 재료**
불린 미역 · ⅔컵=50g, 양파 · ¼개,
쪽파 · 1대, 붉은 고추 · ½개

**양념**
설탕 · 2, 소금 · 0.1, 식초 · 3,
국간장 · 0.7, 다진 마늘 · 0.3

**이밥차의 세끼 레시피 체험기**
소금 대신 국간장으로 간하면 더욱 감칠맛이 나요.

#01

불린 미역은 깨끗이 씻어 잘게 썰고,

**이밥차의 세끼 레시피 체험기**
마른 미역을 물에 담가 15분 정도 불려 사용해요.
자른 미역을 사용하면 더욱 편리해요.

#02

양파는 얇게 채 썰어 반으로 썰고,
쪽파와 고추는 송송 썰고,

#03

물(3컵)에 미역과 손질한 채소를 넣고,

**이밥차의 세끼 레시피 체험기**
재료와 양념을 넣고 버무려 10분 동안 재운 뒤
물을 부으면 간이 더욱 고루 배요. 방송에서는
맹물을 사용하였지만 다시마(1장=5×5cm)를
넣어 10분간 우린 물을 사용하면 좋아요.

#04

양념을 넣어 간한 뒤, 얼음을 넣고
휘저어 마무리.

**이밥차의 세끼 레시피 체험기**
미역냉국은 만들어서 바로 먹는 것보다 맛이 고루
섞이도록 냉장실에 10분 이상 두면 더 좋아요.
얼음을 넣을 때는 국물의 간을 좀 더 강하게 해요.

5화

## 옥순봉의 더위도 잊게 하는
# 팥빙수

차가운 계곡 물로도 더위가 가시지 않을 땐 빙수가 답이죠.
긴긴 여름 더위가 몰려올 땐 시원한 집에서 TV를 보면서
이밥차 레시피로 만든 푸짐한 빙수 한 그릇 즐겨 보세요.
뚝배기에 담으면 금방 녹지도 않고 분위기도 정겨워요.

## Ready 4인분

**빙수용 팥 재료**
팥 • 1컵, 소금 • 약간, 설탕 • ⅔컵,
물엿 • ⅔컵

**연유 재료**
우유 • 2컵, 설탕 • ¼컵

**필수 재료**
얼음 • 5컵

#01

냄비에 팥과 물(5컵)을 넣고 10분간 센 불에서 끓인 뒤 물을 따라 버리고 물(5컵)을 새로 부어 중간 불에서 40분간 끓이고,

#02

소금, 설탕(⅔컵), 물엿(⅔컵)을 넣고 중약 불에서 저어가며 10분간 조리고,

**이밥차의 세끼 레시피 체험기**
팥은 전날 미리 불려 두면 삶는 시간을 단축할 수 있어요. 조린 팥은 식으면서 농도가 더 되직해지니 조릴 때 국물이 자작하게 남아 있어야 식은 후에도 촉촉하고 부드러워요. 시판 빙수팥과 달리 지나치게 달지 않고 고소해요. 남은 팥조림은 완전히 식힌 뒤 지퍼백에 납작하게 담아 냉동실에 보관하면 언제든 간단하게 팥빙수를 만들 수 있어요.

#03

냄비에 우유(2컵)와 설탕(¼컵)을 넣고 중간 불에서 끓어오르면 중약 불로 줄여 농도가 걸쭉해질 때까지 저어가며 끓이고,

**이밥차의 세끼 레시피 체험기**
우유는 끓어 넘치거나 타기 쉬워요. 끓는 동안 자리를 비우지 않고 자주 확인하는 게 좋고, 쉽게 넘치지 않도록 큰 냄비를 사용해요.

#04

비닐팩에 얼음을 담고 밀대나 방망이로 곱게 부수고,

#05

그릇에 부순 얼음을 담고 빙수팥과 연유를 얹어 마무리.

**이밥차의 세끼 레시피 체험기**
찹쌀떡이나 견과류를 얹어도 좋아요.

5화

입맛이 팍팍 도는
# 주꾸미삼겹살볶음

입맛도 없고 몸도 지친 날엔 스트레스 확 풀리는 매콤한 음식이 당기죠.
그런 날엔 옥순봉표 매운 쭈삼볶음을 만나 보세요.
쫄깃쫄깃한 주꾸미에 삼겹살까지 푸짐하게 넣고 매운 고추도 팍팍 넣었어요.
남은 양념장에 참기름 쪼르륵 뿌려서 볶음밥까지 알뜰하게 해치우면 축 처졌던 몸이 가뿐해져요..

## Ready 2인분

**필수 재료**
주꾸미 • 3마리=240g, 밀가루 • 약간
돼지고기 (삼겹살) • 200g, 양파 • ⅓개,
당근 • ⅕개, 대파 • 15cm

**선택 재료**
붉은 고추 • 1개

**밑간**
간장 • 1, 후춧가루 • 0.1

**양념장**
고춧가루 • 2 + 다진 마늘 • 1 +
고추장 • 1.5 + 매실액 • 2 + 꿀 • 1

**양념**
참기름 • 0.5, 참깨 • 0.2

#01

주꾸미는 내장, 눈, 입을 제거해 밀가루를 넣고 주물러 씻어 물에 헹군 뒤 먹기 좋은 크기로 썰고,

**이밥차의 세끼 레시피 체험기**
주꾸미는 끓는 물(5컵)에 소금(0.2)을 넣고 다리가 오그라들 때까지 살짝 데쳐서 사용해도 좋아요. 한 번 익힌 주꾸미는 더 단단해지지 않아 부드럽게 먹을 수 있고, 볶는 동안 물기가 생기지 않아 간도 싱거워지지 않아요.

#02

돼지고기는 큼직하게 썰어 **밑간**에 버무리고,

#03

**양념장**은 섞고,

**이밥차의 세끼 레시피 체험기**
양념장에 들어가는 고춧가루는 거칠고 입자가 굵은 것보다 고운 걸 사용해야 식감도 부드럽고 먹음직스럽게 보여요.

#04

양파는 굵게 채 썰고, 당근은 납작하게 어슷 썰고, 대파는 6cm 길이로 썰어 2~4등분 하고, 붉은 고추는 어슷 썰고,

#05

돼지고기에 양념장의 절반 분량을 넣고 고루 버무려 20분간 재우고,

**이밥차의 세끼 레시피 체험기**
방송에서는 돼지고기와 채소를 한꺼번에 버무려 바로 사용했지만 돼지고기를 양념장에 먼저 재우면 간이 더 잘 배어요. 채소는 익는 시간이 달라 단단한 것부터 물렁한 순서로 나중에 넣는 게 좋고요.

#06

중간 불로 달군 팬에 식용유(2)를 두르고 양념한 돼지고기와 당근을 넣어 2~3분간 볶고,

#07

센 불로 올리고 주꾸미와 남은 양념장(½ 분량), 양파, 대파, 고추를 넣어 볶다가 완전히 익으면 참기름(0.5), 참깨(0.2)를 넣고 섞어 마무리.

**이밥차의 세끼 레시피 체험기**
주꾸미를 데쳐서 넣을 때는 양념과 재료가 고루 버무려지도록 1분 정도만 볶아도 돼요. 생주꾸미는 익어서 완전히 구부러질 때까지 2~3분간 볶아요. 화끈하게 매운맛을 원할 땐 붉은 고추 대신 청양고추를 팍팍 넣어요.

5화

아침은 느긋하게 빵으로 시작해요
# 수제마요 에그포테이토샌드위치

갓 구워낸 향긋하고 촉촉한 식빵으로 기분 좋은 아침을 맞이한 삼시세끼팀.
하지만 요리하는 데 너무 힘을 쏟다 보면 다른 인격이 나올 수 있어요.
식빵을 직접 굽지 않아도 에그포테이토만 있으면 충분히 맛있게 만들 수 있답니다.
실패 없이 마요네즈 만드는 법도 알려 드릴게요.

## Ready 4인분

**필수 재료**
달걀 • 3개, 감자 • 2개, 양파 • ¼개,
식빵 • 8장

**마요네즈 재료**
달걀노른자 • 4개 분량, 소금 • 0.3,
올리브유 • ½컵, 레몬즙 • 3

**이밥차의 세끼 레시피 체험기**
올리브유 대신 식용유를 사용하고 레몬즙 대신 식초를 사용해도 돼요.

**양념**
소금 • 0.5, 식초 • 1, 마요네즈 • 4

#01

달걀노른자에 소금(0.3)을 넣어 거품기로 잘 섞고, 올리브유(½컵)를 조금씩 부어가며 거품기로 젓다가 레몬즙(3)을 조금 더 섞어 마요네즈를 만들고,

**이밥차의 세끼 레시피 체험기**
수제 마요네즈를 만들 때 달걀을 다 넣은 것보다 노른자로만 만든 게 농도가 더 되직해요. 올리브유를 한꺼번에 부으면 재료가 섞이지 않고 분리되므로 꼭 조금씩 부어가면서 거품기를 한 방향으로 계속 저어주세요. 레몬즙은 마지막에 넣어야 마요네즈를 보관하는 동안에도 쉽게 분리되지 않아요.

#02

냄비에 감자를 넣고 잠길 만큼 물을 부어 소금(0.2)을 넣은 뒤 삶다가, 젓가락으로 찔렀을 때 쑥 들어갈 정도로 완전히 익으면 꺼내고,

#03

다른 냄비에 달걀을 담고 잠길 만큼의 물과 소금(0.3), 식초(1)를 넣어 13분간 삶고,

#04

감자와 달걀의 껍질을 벗겨 으깬 뒤 양파를 잘게 다져 넣고, 수제 마요네즈(4)를 넣어 버무리고,

#05

식빵에 에그포테이토를 얹어 마무리.

6화

토종꿀로 더 맛있게!
# 가래떡구이와 벌꿀레모네이드

옥순봉 삼남매가 직접 수확한 벌꿀을 활용한
특별한 간식, 가래떡구이와 벌꿀레모네이드예요.
잘 구운 가래떡은 바삭하고 쫀득한 식감이 맛있고,
진하고 향긋한 토종꿀에 새콤한 레몬을 더하니
비타민과 미네랄이 가득한 건강 음료 완성!
쉽게 구할 수 있는 레몬에 꿀을 넣어 집에서도 건강하게 즐겨 보세요.

## Ready 2인분

**가래떡구이 재료**
가래떡 • 15cm×4줄, 벌꿀 • 5

**레모네이드 재료**
레몬 • 2개, 벌꿀 • 3, 탄산수 • 1병=500ml

#01

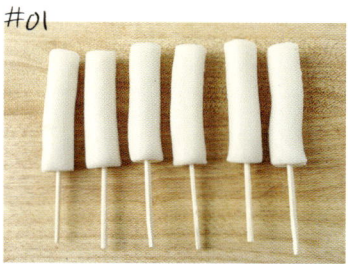

가래떡에 나무젓가락을 길게 끼워 넣고,

**이밥차의 세끼 레시피 체험기**
굳은 가래떡은 끓는 물에 데쳐 말랑말랑하게 만들어 사용해요. 그래야 구운 뒤에도 딱딱하지 않아요.

#02

중간 불에서 직화로 구워 벌꿀(5)을 곁들여 가래떡구이 마무리.

**이밥차의 세끼 레시피 체험기**
중간 불로 달군 팬에 고루 구워도 돼요. 팬에 구울 때에는 가래떡의 표면이 말라 있어야 팬에 들러붙지 않으니 데친 뒤 물기를 잘 제거해요. 그래도 들러붙는다면 식용유를 약간 둘러 주세요.

#01

레몬은 반으로 잘라 포크로 눌러 즙을 짜고, 나머지 반 개 분량은 얇게 슬라이스해 에이드를 담을 컵의 안쪽에 붙여 두고,

**이밥차의 세끼 레시피 체험기**
레몬스퀴저를 사용하면 더 편하게 짤 수 있어요.

#02

벌꿀(3)과 탄산수(1컵)를 넣고 꿀이 녹을 때까지 저어 벌꿀레모네이드 마무리.

6화

### 조미료 없이도 시원한 국물은 처음이지?
# 물김치

인스턴트를 사랑하는 게스트도 푹 빠져 버릴 만큼
시원하고 상큼한 국물맛을 자랑하는 물김치예요.
이밥차에서는 더욱 개운한 맛을 내기 위해 몇 가지 재료를 추가하고,
국물 재료를 곱게 간 뒤 면포에 넣고 맑은 국물만 깔끔하게 걸러냈어요.

### Ready  1.8ℓ 분량

**필수 재료**
쌈배추 · ½통=400g,
무 · 1토막=150g, 쪽파 · 8대

**선택 재료**
당근 · ¼개

**밀가루풀**
밀가루 · 1.5 + 물 · 1½컵

**국물 재료**
배 · ⅓개 + 양파 · ½개 + 마늘 · 5쪽 +
생강 · 1쪽 + 고운 고춧가루 · 2

**양념**
소금 · 3, 매실액 · 3

#01
쌈배추는 한입 크기로 네모나게 썰어
물(5컵), 소금(2)을 넣어 절이고,

**이밥차의 세끼 레시피 체험기**
물을 넣으면 소금만 넣었을 때보다 빨리 절일 수
있어요.

#02
냄비에 **밀가루풀**을 넣어 섞고
중간 불에서 걸쭉해지도록 저어가며
끓인 뒤 체에 걸러 식히고,

#03
당근과 무는 납작 썰고, 쪽파는 4cm
길이로 썰고,

#04
**국물 재료**는 믹서에 곱게 갈아 면포에
걸러 물(6컵)에 섞고,

**이밥차의 세끼 레시피 체험기**
국물 재료는 면포에 걸러 사용해야 국물과 맛이
깔끔해요.

#05
국물에 밀가루풀을 섞은 뒤 소금(1),
매실액(3)으로 간을 맞추고, 손질한
재료를 모두 넣어 마무리.

**이밥차의 세끼 레시피 체험기**
밀폐용기에 담아 실온에서 한나절 정도 숙성시킨
뒤 냉장실에 보관해요. 날씨가 따뜻할 때는
반나절만 숙성시켜도 돼요.

# 6화

### 아삭함이 살아 있네~
# 콩나물버섯밥

그윽한 버섯향이 느껴지는 밥에 아삭한 콩나물을 더해
간단하지만 영양 가득한 밥 완성!
삼시세끼에선 비빔장에 고추를 넣어 매콤한 맛을 더했답니다.
밥을 지을 때 콩나물을 넣으면 콩나물에서 물이 나와 밥이 질어져요.
초보들은 물 양을 맞추기가 쉽지 않을 테니
삼시세끼팁처럼 따로 익혀서 얹으면 식감도 아삭하고 밥이 질어지지 않아요.

### Ready 4인분

**필수 재료**
콩나물 • 2줌, 마른 표고버섯 • 7개,
불린 쌀 • 3컵

**이밥차의 세끼 레시피 체험기**
쌀(2⅔컵)을 2~3번 씻은 뒤 20분간 물에 담가 불리세요.

**양념장**
고춧가루 • 1.5 + 간장 • 4 + 다진 대파 • 2 + 다진 양파 • 1 + 다진 붉은 고추 • ½개 분량 + 다진 청양고추 • ½개 분량 + 참기름 • 2 + 참깨 • 0.5

#01

콩나물은 지저분한 부분만 제거한 뒤 깨끗이 씻어 물기를 빼고,

#02

마른 표고버섯은 미지근한 물(3컵)에 20분간 담가 불린 뒤 꼭 짜서 굵게 채 썰고,

**이밥차의 세끼 레시피 체험기**
버섯 불린 물을 밥 지을 때 넣으면 더 진한 버섯 향을 낼 수 있어요.

#03

냄비(돌솥)에 불린 쌀, 표고버섯, 버섯 불린 물(2⅓컵)을 넣고 뚜껑을 덮어 중간 불에서 끓으면 고루 저어 섞고, 약한 불로 줄여 15분간 끓인 뒤 불을 끈 채 2분간 뜸을 들이고,

**이밥차의 세끼 레시피 체험기**
버섯에서 물이 나와서 평소 밥을 지을 때보다 물의 양을 적게 잡아요.

#04

끓는 물(3컵)에 콩나물을 넣고 뚜껑을 덮어 중간 불에서 4분간 삶은 뒤 체에 밭쳐 물기를 빼고,

**이밥차의 세끼 레시피 체험기**
콩나물은 아삭한 맛을 살리기 위해 따로 삶아요. 익기 전에 뚜껑을 열면 비린내가 나니 충분히 익은 후에 뚜껑을 열고, 처음부터 뚜껑을 덮지 않고 삶았다면 계속 열고 삶아요. 콩나물을 데쳐낸 물은 버리지 말고 냉국이나 콩나물을 더 넣어 콩나물국을 끓여도 좋아요.

#05

버섯밥 위에 삶은 콩나물을 올리고 **양념장**을 곁들여 마무리.

## 6화

콩나물로 일타이피
# 콩나물국

이제는 같은 재료로 동시에 두 가지 요리를 만드는 능숙함을 보여주는 옥순봉 식구들.
재료 손질할 시간이 줄어드니 아침 준비도 훨씬 수월해졌어요.
콩나물을 듬뿍 넣고 데친 뒤 일부는 건져 콩나물밥에 활용하고
나머지로 콩나물국을 끓이는 센스, 배워 볼 만하죠?

## Ready 2인분

**필수 재료**
콩나물 • 1½줌=130g

**선택 재료**
청양고추 • 1개, 대파 • 7cm

**양념**
다진 마늘 • 0.5, 소금 • 적당량

#01

콩나물은 지저분한 부분을 다듬어 깨끗이 씻고,

#02

청양고추와 대파는 송송 썰고,

#03

냄비에 콩나물을 담고 물(3컵)을 부어 중간 불에서 끓이고,

#04

콩나물 줄기가 투명해지면 다진 마늘(0.5)과 대파, 청양고추를 넣어 한 번 더 끓이고,

#05

소금으로 간을 맞춰 마무리.

**이밥차의 세끼 레시피 체험기**
멸치액젓(1.5)을 넣고 부족한 간을 소금으로 맞추면 육수 없이도 감칠맛이 나는 콩나물국을 끓일 수 있어요.

7화

짜장면 시키신 분?
# 짜장면

옥순봉 셰프도 요즘 한창 인기인 '중식' 요리에 도전했어요.
오늘의 점심 메뉴는 바로 감자를 넣고 달달 볶은 춘장 소스와 수타면이 어우러진 옛날식 짜장면!
청양고추를 넣어 매콤함을 살리고 완두콩과 오이를 예쁘게 얹으니 맛도 비주얼도 그럴싸하네요.

## Ready 2인분

**필수 재료**
양파 • 1개, 감자 • ½개, 당근 • ¼개
돼지고기(등심) • 100g, 청양고추 • 1개

**반죽 재료**
밀가루 • 3컵 + 물 • 1컵 + 소금 • 0.2 +
식용유 • 2

**선택 재료**
오이 • ⅓개, 삶은 완두콩 • 2

**양념**
춘장 • 4, 설탕 • 1.5

**녹말물**
녹말가루 • 1 + 물 • 2

#01

반죽 재료를 섞어 한 덩어리로 뭉쳐 매끈해질 때까지 치댄 뒤 랩으로 감싸 냉장실에서 30분간 숙성시키고,

**이밥차의 세끼 레시피 체험기**
반죽을 냉장실에 넣어 저온숙성하면 면이 더 쫄깃해져요.

#02

반죽을 얇게 밀어 덧가루를 뿌려가며 말아 채 썰고,

**이밥차의 세끼 레시피 체험기**
반죽을 말 때 들러붙지 않도록 덧가루를 넉넉히 뿌려요. 여분의 밀가루는 면을 다 썬 뒤 털어내요.

#03

오이는 채 썰고 양파, 감자, 당근, 돼지고기는 깍둑 썰고, 청양고추는 송송 썰고,

#04

센 불로 달군 팬에 식용유(2)를 둘러 돼지고기와 감자, 당근을 볶다가 감자의 가장자리가 투명해지면 양파와 청양고추를 넣어 20초간 볶고,

#05

춘장(4)과 설탕(1.5)을 넣고 2분간 볶다가 물(1컵)을 붓고 감자가 다 익을 때까지 끓인 뒤 **녹말물**을 넣어 농도를 맞추고,

**이밥차의 세끼 레시피 체험기**
춘장에는 약간 씁쓸한 맛이 있어 볶아서 사용하는 게 좋아요. 소량을 사용할 때는 다른 재료들을 볶을 때 같이 넣어 2~3분간 볶으면 되지만 양이 많을 때는 따로 식용유에 볶아서 사용해요.

#06

끓는 물에 면을 삶아 건져 찬물에 헹궈 물기를 빼고,

**이밥차의 세끼 레시피 체험기**
생면은 건면에 비해 끊어지기 쉬워 끓는 물에 면을 넣고 자주 젓지 않도록 해요. 생면을 만드는 과정이 번거로울 때는 중면이나 칼국수면 등 취향에 맞는 건면 또는 생면을 구입해 활용해요.

#07

그릇에 삶은 면과 짜장소스를 담고 채 썬 오이와 완두콩을 얹어 마무리.

7화

## 소스가 대박이야
# 립바비큐

패밀리 레스토랑이 부럽지 않다는 극찬을 받은 옥순봉 셰프의 특급 립바비큐.
각종 양념에 딸기잼을 더해 상큼함을 살린 소스가 바로 맛의 비법이랍니다.
손가락까지 핥아 먹게 되는 궁극의 레시피, 지금 공개합니다!

## Ready  4인분

**필수 재료**
등갈비 · 1kg

**선택 재료**
파슬리가루 · 약간

**고기 삶는 재료**
마늘 · 3쪽, 대파 파란 부분 · 10cm×2대,
통후추 · 0.3

**바비큐소스**
버터 · 1.5 + 물 · ⅓컵 + 후춧가루 · 0.1 +
포도주 · 3 + 간장 · 2 + 케첩 · 5 +
돈가스소스 · 5 + 맛술 · 3 + 레몬즙 · 1 +
다진 마늘 · 1 + 다진 양파 · ½개 분량 +
물엿 · 2 + 딸기잼 · 1

#01

등갈비는 찬물에 1시간 이상 담가 핏물을
뺀 뒤 뒷면에 붙어 있는 막을 제거하고,

**이밥차의 세끼 레시피 체험기**
방송에서는 나오지 않았지만 집에서 만들 때는
등갈비의 핏물을 충분히 빼준 뒤 얇은 막을
벗겨 주세요. 얇은 막은 반투명하고 질긴
질감인데, 가장자리의 끝부분부터 살살
잡아당기면 쉽게 벗겨져요.

#02

냄비에 등갈비가 잠길 정도의 물과
**고기 삶는 재료**를 넣고 끓어오르면
등갈비를 넣어 20분간 삶아 건지고,

**이밥차의 세끼 레시피 체험기**
등갈비를 삶아서 사용하면 고기의 누린내가
제거되고 간도 더 잘 배요.

#03

팬에 버터(1.5)를 녹인 뒤 나머지
**바비큐소스** 재료를 넣고 중간 불에서
끓어오르면 중약 불로 줄여 ⅔로
줄 때까지 졸이고,

#04

삶은 등갈비를 넣고 뒤적여가며
10분간 졸이고,

#05

190℃로 예열한 오븐에 넣어 20분간
구워 파슬리가루를 뿌려 마무리.

**이밥차의 세끼 레시피 체험기**
오븐에 구울 때는 타지 않도록 붓으로 양념을
고루 바르고, 굽는 중간에 뒤집어 주세요.

### 화덕장인 왔다, 닭 구우러 가~
# 오븐치킨

만재도의 유명한 화덕이스트를 모셔 왔으니 화덕요리 한 번 화끈하게 해야겠죠?
간단하게 밑손질만 했는데도 화덕에 구우니 바비큐파티가 되네요.
닭 한 마리를 통째로 굽는 게 부담스러울 때는 닭다리만 사용해도 좋아요.
버터를 바르고 로즈마리를 얹어 쿠킹포일로 감싸 190℃에서 20분간 굽다가
쿠킹포일을 벗겨 10~15분간 더 구워내요.

## Ready 4인분

**필수 재료**
닭 • 1마리=1kg, 양파 • ½개, 마늘 • 3쪽

**선택 재료**
우유 • 4컵, 로즈마리 • 1줄기

**양념**
소금 • 0.2, 후춧가루 • 0.1, 버터 • 3

#01

닭에 우유를 부어 15분간 담그고,

#02

우유에서 건져 물기를 가볍게 닦아낸 뒤 소금(0.2), 후춧가루(0.1)를 고루 뿌리고, 배 속에 4등분한 양파, 마늘, 버터(1)를 넣고 다리를 꼬아 실로 묶고,

#03

겉면에 버터(2)를 바르고 로즈마리를 얹어 쿠킹포일로 감싸고,

#04

200℃로 예열한 오븐에 넣어 40분간 굽다가 190℃로 낮춰 30분간 더 구워 마무리.

**이밥차의 세끼 레시피 체험기**
쿠킹포일을 덮어서 구우면 겉의 수분이 마르지 않아 속이 촉촉해요. 노릇한 색감을 낼 때는 190℃로 낮춰서 더 굽기 전에 쿠킹포일을 벗겨요.

## 7화

오늘은 옥순봉 소풍날
# 소풍도시락

물놀이 후에는 무얼 먹어도 맛있죠.
삼시세끼팀은 소시지&주먹밥 도시락으로 야무지게 허기를 채웠어요.
추억을 부르는 비주얼로 좀 식어도 맛있는 인기만점 도시락 메뉴!
이밥차는 여기에 소시지 반찬과 매콤한 김치볶음을 곁들였어요.
숟가락으로 슥슥 비벼도 좋지만 통째로 흔들어 먹으면 더 맛있어요.

## Ready 4인분

**필수 재료**
팽이버섯 · 1봉지=100g,
분홍소시지 · 25cm,
비엔나소시지 · 1봉=360g,
청양고추 · 1개, 김치 · 2컵, 달걀 · 4개,
밀가루 · ½컵, 밥 · 4공기, 마른 멸치 · ½컵,
시판 유부초밥 · 1팩=165g(초밥소스,
후리가케 동봉된 것)

**양념**
소금 · 0.4, 후춧가루 · 약간, 들기름 · 1,
고추장 · 0.5, 참기름 · 1, 참깨 · 0.2

#01

팽이버섯은 밑동을 자르고, 분홍소시지는 동그란 모양을 살려 납작 썰고, 비엔나소시지는 칼집을 넣고, 청양고추는 잘게 다지고,

#02

김치는 한입 크기로 썰고, 달걀은 소금(0.1)을 넣어 곱게 풀고,

#03

센 불로 달군 팬에 식용유(1)를 둘러 팽이버섯을 넣고 소금(0.1), 후춧가루로 간하며 볶고,

**이밥차의 세끼 레시피 체험기**
버섯에 물기가 생기지 않도록 센 불에서 빠르게 볶아요. 팽이버섯은 오래 익히지 않아도 되니 부드럽게 구부러지면 바로 건져요.

#04

중간 불로 줄이고 식용유(1)를 더 둘러 비엔나소시지를 볶고, 분홍소시지에 밀가루, 달걀물 순으로 옷을 입혀 노릇하게 부치고,

#05

남은 달걀물을 팬에 부어 가장자리부터 말아 달걀말이를 만들고,

#06

팬을 닦아낸 뒤 들기름(1), 식용유(1)를 둘러 김치가 부드러워질 때까지 볶다가 고추장(0.5)을 넣고 조금 더 볶고,

**이밥차의 세끼 레시피 체험기**
신맛이 강한 김치일 경우 설탕이나 올리고당을 약간 넣어 볶아요.

#07

따뜻한 밥(2공기)은 마른 멸치와 청양고추, 소금(0.2), 참기름(1), 참깨(0.2)를 넣고 버무린 뒤 먹기 좋은 크기로 뭉치고, 따뜻한 밥(2공기)은 초밥소스와 후리가케를 넣어 버무린 뒤 물기를 짠 유부에 채워 넣고,

**이밥차의 세끼 레시피 체험기**
방송처럼 유부초밥의 후리가케를 나눠서 주먹밥에도 넣으면 색색의 예쁜 주먹밥을 만들 수 있어요. 멸치는 마른 팬에 볶아 비린내를 날린 뒤 간장(0.5), 설탕(0.2)을 넣고 조금 더 볶아 밥에 섞으면 간도 잘 맞고 비린내도 나지 않아요.

#08

완성한 요리를 도시락통에 담아 마무리.

8화

## 흰 밥과 찰떡궁합
# 깻잎지

옥순봉의 첫 수확물인 향긋한 깻잎에
전화 찬스로 얻은 깨알 팁 '다시마물'을 더했어요.
따끈한 밥에 깻잎지 한 장 올리면 밥도둑이 따로 없죠?
아쉬운 마음에 봉인해 둔 삼시세끼의 깻잎지를
이밥차에서 맛있게 완성했어요.

## Ready 4인분

**필수 재료**
깻잎 • 50장

**육수 재료**
다시마 • 1장=5×5cm

**양념장**
쪽파 • 5대, 양파 • ¼개, 붉은 고추 • 1개,
청양고추 • 1개, 고춧가루 • 7,
까나리액젓 • 1, 간장 • 7, 물엿 • 2.5,
다진 마늘 • 1.5, 참깨 • 0.3

**이밥차의 세끼 레시피 체험기**
소금 대신 까나리액젓으로 간을 하면 더욱
감칠맛이 나요.

#01

물(⅓컵)에 다시마를 담가 10분간
불렸다가 건져 육수를 만들고,

#02

깻잎은 씻어 물기를 빼고,

**이밥차의 세끼 레시피 체험기**
깻잎의 꼭지는 일정한 길이로 잘라야 깔끔해요.
충분히 물기를 빼지 않으면 양념이 싱거워져요.

#03

쪽파, 양파, 고추는 다지고,

#04

다진 재료와 육수, 나머지 양념장
재료를 섞고,

**이밥차의 세끼 레시피 체험기**
고춧가루가 많이 들어가는 양념장은 미리
만들어 잠시 두어요. 그래야 고춧가루 입자가
불어서 부드럽고 깻잎에 양념이 전체적으로
어우러져요.

#05

깻잎을 2~3장씩 겹쳐 쌓아가며
양념장을 발라 마무리.

**이밥차의 세끼 레시피 체험기**
잎이 질긴 깻잎은 양념장을 켜켜이 바른 뒤 김이
오르는 찜기에 넣어 5분 정도 찌면 부드럽게
즐길 수 있어요.

## 두 번의 실패는 없다
# 달걀빵

허당 게스트와 PD를 당황시킨 술빵 아닌 술빵 같은 달걀빵.
비주얼은 근사한데 맛이 조금 아쉬웠죠?
이밥차표 정확한 레시피로 따라해 보세요.
물과 베이킹파우더의 비율만 잘 맞추면
고소하고 포근한 달걀빵은 문제 없답니다.

**Ready** 6개 분량

**필수 재료**
달걀 • 6개

**반죽 재료**
밀가루 • 2컵, 베이킹파우더 • 0.3,
소금 • 0.3, 설탕 • 3, 우유 • 1⅓컵

**이밥차의 세끼 레시피 체험기**
방송에서는 물로 반죽했지만 이밥차는 부드러운
맛을 위해 우유를 사용했어요.

**양념**
식용유 • 약간, 소금 • 약간, 후춧가루 • 약간

#01

반죽 재료의 가루류 재료를 체에 내리고,

#02

우유를 넣은 뒤 주르륵 흐를 정도로 반죽하고,

**이밥차의 세끼 레시피 체험기**
반죽은 묵직하게 주르륵 흐를 정도가 적당해요.
많이 저을수록 질어지니 가루가 보이지
않을 정도로만 모양으로 살살 저어 섞어요.
반죽에 달걀(1개)을 풀어 넣어 고소한 맛을 더해도
좋아요.

#03

머핀틀 또는 포일컵 안쪽에 식용유를
바른 뒤 반죽을 반 정도 채우고,

**이밥차의 세끼 레시피 체험기**
식용유를 발라야 굽고 난 뒤 꺼내기가 쉬워요.
반죽과 달걀이 익으면서 부풀어 오르니 반죽은
컵의 ½까지만 채워요.

#04

달걀을 깨 넣고 소금과 후춧가루를
뿌리고,

#05

180℃로 예열한 오븐에 15~20분간
구워 마무리.

**이밥차의 세끼 레시피 체험기**
나무꼬치로 찔러 반죽이 묻어나지 않으면
다 익은 거예요.

### 8화

요거트 메이커 없이도 가뿐하게 만드는
# 블루베리요거트

조리 과정은 간단해도 은근히 까다로운 요거트 만들기.
실패하지 않기 위해서는 꼭 유산균이 풍부한 요구르트를 사용하세요.
날씨가 선선할 때는 밥솥을 활용하면 좋아요.
우유와 요구르트를 섞은 뒤 밥솥에 담아 보온 기능으로
3~4시간 정도 두었다가 보온 기능을 취소하고 그대로 5시간 이상 두어요.
좀 더 시큼한 맛의 요거트를 먹고 싶다면 발효시간을 늘려 주세요.

**Ready** 800ml 분량

**필수 재료**
우유 • 700ml, 유산균 요구르트 • 1개=150ml

**선택 재료**
블루베리 • 적당량

#01

볼에 우유와 유산균 요구르트를 함께 넣어 섞고,

#02

랩으로 밀봉한 후 따뜻한 곳에서 12시간 동안 발효시키고,

#03

그릇에 담고 블루베리를 올려 마무리.

**이밥차의 세끼 레시피 체험기**
다른 과일을 다양하게 올려도 좋아요.
당도가 적당한 수제잼을 넣으면 시판 과일 요거트처럼 달콤하게 즐길 수 있어요.

8화

묘해, 너는
# 감자옹심이

여자 게스트가 만든 음식에는 유독 후한 점수를 주는 삼시세끼팀도
방송에 나온 옹심이에는 혹평을 아끼지 않았죠.
감자 반죽을 처음 해본다면 몇 가지 주의할 점이 있는데요.
감자를 간 뒤 물기를 충분히 빼야 반죽이 질어지지 않아요.
반죽이 질면 육수에 넣었을 때 쉽게 풀어져요.
또 감자를 짠 즙에서 가라앉힌 앙금도 버리지 말고 꼭 반죽에 넣어야 해요.
그래야 녹말가루를 많이 넣지 않아도 반죽이 잘 뭉쳐지고 식감이 쫀득해요.

## Ready 2인분

**필수 재료**
양파 • ⅓개, 애호박 • ⅓개, 당근 • ¼개,
감자 • 3개, 녹말가루 • 1.5

**육수 재료**
다시마 • 1장=10×10cm,
국물용 멸치 • 10마리

**양념**
소금 • 0.2, 국간장 • 1

#01

냄비에 물(4½컵)과 **육수 재료**를 넣어 중간 불에서 끓어오르면 다시마를 건진 뒤 10분간 더 끓이고,

#02

양파, 애호박, 당근은 곱게 채 썰고,

#03

감자는 껍질을 벗겨 강판에 갈아 소금(0.2)을 섞은 뒤 면포에 감싸 물기를 꼭 짜서 즙은 따로 두고 앙금을 가라앉히고,

**이밥차의 세끼 레시피 체험기**
감자가 갈변되지 않도록 껍질을 벗긴 뒤 10분간 찬물에 담가 두었다가 사용하면 좋아요.

#04

앙금이 다 가라앉았으면 맑은 국물을 조심히 따라내고 남은 앙금과 감자 건더기, 녹말가루(1.5)를 섞어 반죽하고,

**이밥차의 세끼 레시피 체험기**
앙금까지 넣으면 더 쫀득한 옹심이를 만들 수 있어요.

#05

감자반죽을 한입 크기로 동그랗게 빚고,

#06

육수의 건더기를 건진 뒤 국간장(1)으로 간을 맞추고,

#07

다시 끓기 시작하면 채소와 옹심이를 넣고 옹심이가 떠오르면 마무리.

9화

# 콩국수

옥순봉을 '맷돌 지옥'으로 만든 삼시세끼의 콩국수!
믹서만 있다면 손쉽게 만들 수 있죠.
주방 가전이 주는 편리함을 맘껏 누리며 맘 편하고 몸 편하게 요리해 보세요.
콩 삶는 것도 귀찮다 싶을 땐, 플러스 레시피로 소개한 '초간단 냉콩국수' 레시피를 활용해도 좋아요.
우유와 두부, 견과류로 순식간에 완성하는 감쪽같은 레시피예요.

## Ready 2인분

**필수 재료**
흰콩(대두) • 1½컵, 오이 • ⅓개, 중면 • 2줌

**선택 재료**
검은깨 • 약간

**양념**
소금 • 0.4

### #01

흰콩은 2~3번 씻은 뒤 잠길 만큼의 물을 부어 10시간 정도 불리고,

### #02

불린 흰콩과 콩 불린 물을 냄비에 담아 부드러워질 때까지 중간 불로 삶고,

**이밥차의 세끼 레시피 체험기**
콩을 충분히 불리지 않거나 부드럽게 삶지 않으면 날콩내가 나고 방송처럼 반나절 이상의 시간이 걸릴 수 있어요. 그렇다고 너무 오래 삶으면 메주 냄새가 나고 텁텁해져요. 콩을 한 알 건져 먹었을 때 식감이 부드럽고 구수하면 다 삶아진 거예요.

### #03

믹서에 삶은 흰콩, 대두 삶은 물(3컵)과 소금(0.2)을 넣어 곱게 갈고,

**이밥차의 세끼 레시피 체험기**
물의 양은 원하는 정도로 조절해도 좋아요. 이밥차의 레시피는 방송처럼 걸쭉하고 진한 국물의 콩국수예요. 잣이나 호두, 참깨를 넣고 같이 갈면 더 고소해요.

### #04

체에 국물만 걸러 차게 식히고, 오이는 곱게 채 썰고,

**이밥차의 세끼 레시피 체험기**
콩국물을 거르고 남은 콩비지를 모아 찌개나 전으로 만들어도 돼요. 걸쭉한 국물을 좋아하면 체에 거르는 과정을 생략하고 진하게 즐기세요.

### #05

끓는 물(5컵)에 중면과 소금(0.2)을 넣고 삶아 건져 찬물에 헹궈 물기를 빼고,

### #06

그릇에 면을 담고 콩국물을 부은 뒤 오이채와 검은깨를 얹어 마무리.

---

### 초간단 냉콩국수

**필수 재료** 우유 • 2팩=400ml, 생식용 두부 • 1모, 중면 • 2줌
**선택 재료** 오이 • ¼개, 토마토 • ½개, 잣 • 2, 땅콩 • ⅓컵, 소금 • 약간

1 우유 1팩은 미리 얼리고,
  우유는 물처럼 꽝꽝 얼지 않아서 쉽게 갈려요.
2 오이는 곱게 채 썰고, 토마토는 먹기 좋은 크기로 썰고,
3 믹서에 얼리지 않은 우유 1팩, 생식용 두부, 잣, 땅콩을 넣어 곱게 갈고,
4 얼린 우유를 넣고 한 번 더 갈아 콩국물을 만들고,
5 끓는 물에 중면을 넣고 삶아 찬물에 여러 번 비벼 헹궈 물기를 빼고,
  국수 포장지 뒷면에 제시되어 있는 시간을 참고해 삶아요.
6 그릇에 중면을 담고 콩국물을 부은 뒤 토마토와 오이를 곁들여 마무리.
  입맛에 따라 소금을 넣어 간을 해요.

9화

엄마 손맛처럼 포근한
# 콩비지김치찌개

알뜰한 삼시세끼 식구들은 삶은 콩으로 콩국수도 만들고, 비지찌개까지 끓였어요.
몽글몽글 따뜻한 비지찌개로 부드럽게 속을 덥혀 보세요.
잘 익은 김치와 구수한 콩비지에 돼지고기를 숭덩숭덩 썰어 넣기만 하면 끝이에요.

## Ready 2인분

**필수 재료**
양파 • ½개, 돼지고기(목살) • 200g,
김치 • 1컵, 김칫국물 • ½컵, 콩비지 • ⅔컵

#01

양파는 굵게 채 썰고, 돼지고기와 김치는 한입 크기로 썰고,

#02

냄비에 식용유(1)를 둘러 중간 불에서 돼지고기를 볶고,

#03

돼지고기가 하얗게 익으면 김치를 넣어 김치가 부드러워질 때까지 볶고,

**이밥차의 세끼 레시피 체험기**
익은 김치를 사용하는 게 좋고 김치의 간에 따라 김치와 김칫국물의 양을 조절해요. 김칫국물을 넣지 않을 때는 새우젓이나 국간장으로 간을 맞춰요. 묵은지를 사용할 땐 설탕을 약간 넣고 볶아야 시큼한 맛이 중화돼요.

#04

양파, 물(1½컵), 김칫국물을 넣어 김치가 투명해질 때까지 끓이고,

#05

콩비지를 넣고 한 번 더 끓여 마무리.

**이밥차의 세끼 레시피 체험기**
부족한 간은 소금이나 새우젓으로 맞춰요.

### 짠맛 극복! 양념이 중요해요
# 바싹불고기

전날 '웅심이 사건'을 일으켰던 게스트가 야심차게 준비한 메뉴는 바로 바싹불고기였어요.
하지만 양념을 넣고 또 넣다 결국엔 나트륨이 과다한 불고기가 되어 버렸죠.
요리 초보들이 흔히 하기 쉬운 실수인데요.
불고기 양념을 만들 땐 새콤한 매실청과 향이 강한 꿀 대신 설탕이 더 잘 어울리고요.
국간장 대신 짠맛이 덜한 진간장을 써야한다는 점. 잊지 마세요.

## Ready 2인분

**필수 재료**
쇠고기(불고기용) • 300g

**선택 재료**
쌈채소 • 적당량

**불고기 양념**
양파 • ¼개, 배 • ¼개, 설탕 • 1, 간장 • 4,
다진 대파 • 2, 참기름 • 0.7, 참깨 • 0.2

#01

양파와 배는 껍질을 벗겨 강판에 갈고, 나머지 **불고기 양념** 재료를 섞고,

**이밥차의 세끼 레시피 체험기**
불고기를 만들 때는 고기 100g당 간장(1)을 넣는 것이 기본 비율이에요. 양념장에 배나 양파를 넣을 때는 간장의 양을 늘려주세요.

#02

쇠고기는 키친타월에 올려 핏물을 뺀 뒤 불고기 양념에 버무리고,

#03

쌈채소는 씻은 뒤 체에 밭쳐 물기를 빼고,

#04

센 불로 달군 마른 팬에 쇠고기만 건져 국물 없이 바싹 볶아 접시에 담고 쌈채소를 곁들여 마무리.

**이밥차의 세끼 레시피 체험기**
타지 않도록 부지런히 저어가며 볶아 주세요. 쇠고기가 다 익어갈 때쯤 쇠고기를 팬의 한쪽으로 모아두고 빈 곳에 설탕(1)을 넣어 녹인 뒤 재빠르게 쇠고기와 섞으면 불 맛을 입힐 수 있어요. 방송처럼 석쇠에 구워도 좋아요.

9화

절로 웃음이 나오는 맛
# 베이글과 크림치즈

햇살 좋은 아침, 두 가지 맛 크림치즈와 베이글로 아침을 맞은 삼시세끼팀.
베이글이 뭔지 몰랐던 식구도, 3일 전부터 빵이 먹고 싶었던 게스트도
모두 함박웃음을 지었네요.
간단하게 만드는 크림치즈는 집에서도 꼭 만들어 보세요.

### Ready 8개 분량

**필수 재료**
밀가루(강력분) • 5컵=500g, 소금 • 1,
설탕 • 2, 인스턴트 드라이이스트 • 1,
올리브유 • 4, 물 • 2컵

**크림치즈 재료**
플레인 요구르트 • 3컵, 소금 • 0.3,
오디, 블루베리 • ⅔컵, 설탕 • 0.5

**설탕물**
물 • 5컵 + 설탕 • 3

#01

플레인 요구르트(1½컵)에 소금(0.1)을 섞은 뒤 면포에 밭쳐 유청을 빼고,

**이밥차의 세끼 레시피 체험기**
유청이 충분히 빠질 수 있도록 반나절 이상 냉장실에 두어요. 오래 둘수록 물이 많이 빠져서 질감이 단단해져요.

#02

오디, 블루베리에 소금(0.2), 설탕(0.5)을 넣어 으깬 뒤 나머지 요구르트(1½컵)에 섞어 면포에 밭쳐 유청을 빼고,

#03

**필수 재료**를 섞어 표면이 매끄러워질 때까지 반죽을 치대고,

#04

랩을 씌우고 젓가락으로 구멍을 2~3개 뚫어 반죽이 2배로 부풀 때까지 따뜻한 곳에 두어 발효시키고,

#05

손으로 반죽을 눌러 가스를 뺀 뒤 8등분으로 나눠 표면이 매끈하도록 둥글리고,

#06

10~15분간 중간 발효를 한 뒤 베이글 모양으로 만들어 30~40분간 2차 발효하고,

**PLUS TIP**
**베이글 모양 만들기의 정석!**
1) 반죽은 25cm 길이의 긴 막대 모양으로 밀어요.
2) 반죽의 한 쪽 끝은 뾰족하게 하고 반대쪽은 둥글납작하게 눌러요.
3) 양쪽 끝을 떨어지는 부분이 없도록 꼼꼼하게 이어 붙여요.

#07

**설탕물**이 끓어오르면 반죽을 앞뒤로 각각 15초씩 데치고,

**이밥차의 세끼 레시피 체험기**
베이글은 끓는 물에 데친 뒤 물기를 털고 예열한 오븐에 바로 넣어야 겉이 팽팽하게 부풀어요. 설탕물에 데치면 겉에 윤기가 돌고, 베이킹소다를 넣은 물에 데치면 더 쫄깃쫄깃해져요. 너무 오래 데치면 질겨지니 10초~15초 정도만 데쳐요.

#08

200℃로 예열한 오븐에 넣어 10~15분간 굽고 크림치즈를 곁들여 마무리.

## 채소 듬뿍 넣어 후다닥 만드는
# 닭갈비

옥순봉에 새로운 식구를 맞이한 날. 오랜만에 게스트 없이 삼시세끼 가족들끼리 편안한 시간을 보냈죠. 대접할 사람이 없어 대충 만들었지만 솥뚜껑에서 익어가는 모습은 기가 막혔던 닭갈비! 집에서는 정석대로 즐겨 보세요.

## Ready  4인분

**필수 재료**
양파 • ½개, 양배추 • 6장=100g,
대파 • 20cm, 감자 • 1개,
닭다릿살 • 400g

**선택 재료**
당근 • ¼개, 풋고추 • 1개,
붉은 고추 • 1개, 참깨 • 약간

**양념장**
고춧가루 • 3 + 간장 • 1.5 +
다진 마늘 • 1 + 고추장 • 4 + 꿀 • 1 +
고추기름 • 1 + 후춧가루 • 약간

#01

**양념장**을 만들고,

#02

양파와 양배추는 굵게 채 썰어
반으로 썰고, 대파는 5등분하여
반으로 썰고,

#03

감자와 당근은 껍질을 벗겨 한입
크기로 납작 썰고, 고추는 어슷 썰고,

**이밥차의 세끼 레시피 체험기**
단단한 감자와 당근은 익히는 데 시간이 오래
걸려요. 다른 채소와 익는 시간이 비슷해지도록
납작하게 썰어 주세요.

#04

닭다릿살은 한입 크기로 큼직하게
썰어 양파, 양배추, 감자, 당근과 같이
양념장에 버무리고,

#05

중간 불로 달군 팬에 식용유(0.5)를
두르고 버무린 재료를 넣어 4~5분간
볶고,

**이밥차의 세끼 레시피 체험기**
닭다릿살은 껍질 사이사이에 기름기가 많아요.
구울 땐 껍질이 있는 부분을 먼저 구운 뒤 뒤집어야
기름이 나와 고기가 들러붙지 않고 부드러워져요.
굽는 동안 기름이 튀지 않도록 종이포일로 덮어
주세요. 닭다릿살에서도 기름이 나오고
양념장에도 고추기름이 들어 있어 코팅팬을
사용하면 식용유를 두르지 않아도 돼요.

#06

닭고기가 노릇해지면 대파와 고추를
넣고 볶아 참깨를 뿌려 마무리.

10화

마성의 굴소스로 마무리
# 감자볶음밥

옥셰프의 쌍 주걱 볶기 신공으로 탄생한 볶음밥. 역시 밥은 볶음밥이라며 칭찬을 받았죠.
느끼함을 잡고 입맛을 자극하는 고추와 볶음밥과 찰떡궁합인 굴소스가 맛의 일등공신이에요.
하지만 육순봉 식구들처럼 굴소스로만 간을 맞추면 밥이 질어지거나
색이 거무튀튀해질 수 있으니 적당량을 넣은 뒤 부족한 간은 소금으로 맞춰요.

## Ready 2인분

**필수 재료**
감자 • 1개, 양파 • ½개, 밥 • 2공기,
달걀 • 2개

**선택 재료**
실파 • 2대, 풋고추 • ½개, 붉은 고추 • ½개

**이밥차의 세끼 레시피 체험기**
실파 대신 쪽파를 사용해도 돼요.

**양념**
굴소스 • 1.5

#01

감자와 양파는 껍질을 벗겨 잘게 다지고,

#02

실파는 송송 썰고, 고추는 굵게 다지고

#03

중간 불로 달군 팬에 식용유(2)를 둘러 감자를 1분간 볶다가 양파를 넣어 30초간 더 볶고,

#04

밥을 넣어 재료들과 잘 섞은 뒤 굴소스(1.5)를 넣고 고루 섞으며 볶고,

**이밥차의 세끼 레시피 체험기**
굴소스로만 간을 맞추면 볶음밥의 색이 진해져요. 부족한 간은 소금으로 맞춰요.

#05

달걀을 깨 넣어 섞고 실파와 고추를 고루 섞어 마무리.

**이밥차의 세끼 레시피 체험기**
밥을 팬의 가장자리로 밀어 놓고 달걀을 저어 스크램블을 만든 뒤에 밥과 섞으면 포슬포슬한 볶음밥이 돼요.

10화

온 식구가 좋아하는 친근한 맛
# 호박국

등장할 때부터 부부 케미를 선보인 옥순댁의 첫 요리예요.
밭에서 막 따온 호박을 푸짐하게 썰어 넣고 짭조름한 새우젓으로 간을 맞춰 완성했어요.
재료도 과정도 간단해 바쁜 아침에도 좋고, 두부를 더하면 훨씬 든든해요.
꽃으로 옥순댁 감동 주고 열매로 든든하게 배 채워준 호박이 참 기특하네요.

## Ready 2인분

**필수 재료**
풋호박 • ¼개=120g, 양파 • ½개

**육수 재료**
국물용 멸치 • 6마리,
다시마 • 1장=5×5cm, 양파 • ½개

**양념**
새우젓 • 0.5

#01

물(3½컵)에 **육수 재료**를 넣고 중간 불에서 끓어오르면 다시마를 건진 뒤 10분간 더 끓이고,

#02

풋호박은 한입 크기로 납작 썰고, 양파는 채 썰고,

**이밥차의 세끼 레시피 체험기**
풋호박은 재래 호박을 말해요. 꽃이 피고 얼마 지나지 않아 풋풋할 때 수확한대서 풋호박이에요. 풋호박 대신 애호박을 사용해도 돼요.

#03

육수에서 건더기를 건지고,

#04

풋호박과 양파를 넣고 중간 불로 끓이고,

#05

끓어오르면 새우젓(0.5)으로 간을 맞추고 풋호박이 부드럽게 익을 때까지 끓여 마무리.

**이밥차의 세끼 레시피 체험기**
호박의 단맛이 우러난 뒤 새우젓으로 간을 해야 짠맛이 강하지 않고 시원한 맛이 살아요. 다 끓으면 달걀을 풀거나 두부와 순두부를 넣어도 잘 어울려요.

## 강원도의 간판스타
# 콧등치기국수

옹심이에 이어 또다시 도전한 강원도 토속음식.
너무 맛있어서 후루룩 먹다 보면 탱글탱글한 메밀면이 콧등을 친다는 '콧등치기국수'예요.
삼시세끼팀이 전화로 물어물어 얻어낸 레시피를 이밥차가 한 번 더 업그레이드했어요.
방송에서는 반죽을 너무 되직하게 만들어 치대기도 힘들어 보였죠.
이밥차에서 황금비율의 가루와 물 양을 알려 드릴게요.
이제는 집에서 칼국수 대신 콧등치기국수도 즐겨 보세요.

## Ready 4인분

**필수 재료**
메밀가루 • 3컵,
밀가루 • 2컵 + 덧가루용 적당량,
양파 • ⅔개, 애호박 • ⅓개, 대파 • 10cm

**선택 재료**
당근 • ⅓개

**육수 재료**
다시마 • 1장=10×10cm,
국물용 멸치 • 15마리, 대파 • 15cm,
황태 • ½마리, 무 • ⅔토막=100g

**양념**
국간장 • 1, 다진 마늘 • 2, 된장 • 1.5

#01 냄비에 물(8컵)과 **육수 재료**를 넣어 센 불에서 끓어오르면 중간 불로 줄여 무가 익을 때까지 끓이고,

#02 볼에 메밀가루와 밀가루를 담고 고루 섞은 뒤 뜨거운 물(1⅓컵)을 넣어 끈기가 생길 때까지 반죽을 치대 비닐팩에 담아 숙성시키고,

**이밥차의 세끼 레시피 체험기**
뜨거운 물은 한 번에 넣지 않고 반죽을 치대가며 조금씩 넣어요. 반죽이 약간 되직하다 싶을 정도로 물을 넣고 치대면 반죽이 지점토처럼 부드러워져요. 손가락으로 반죽을 눌러 부드럽게 들어갈 때까지 GO!

#03 양파, 애호박, 당근은 채 썰고, 대파는 어슷 썰고,

#04 바닥에 덧가루를 뿌려가며 반죽을 밀대로 얇게 민 뒤 반죽을 말아 채 썰고,

**이밥차의 세끼 레시피 체험기**
반죽을 말 때는 덧가루를 넉넉히 뿌려야 들러붙지 않아요. 방송에서는 녹말가루를 사용했는데 그럼 국물이 걸쭉해져요. 반죽을 썰어 면발이 완성되면 엉기지 않도록 덧가루는 훌훌 털어 주세요.

#05 육수에서 건더기를 건진 뒤 **양념**을 넣어 간을 맞추고 국물이 끓어오르면 대파를 제외한 채소를 넣고,

#06 2분 정도 끓이다가 면을 넣어 투명해질 때까지 끓인 뒤 대파를 얹어 마무리.

**이밥차의 세끼 레시피 체험기**
맑은 국물을 위해 면은 다른 냄비에 삶아 넣어도 돼요.

## 얇게 부칠수록 맛있어요
# 애호박전

애호박은 여름 밥상에서 빼 놓을 수 없는 재료죠.
통통한 애호박 하나만 툭 따면 국도 끓이고, 볶아 먹고, 또 전도 부치고 참 다양하게 요리할 수 있어요.
노릇노릇 고소하게 부친 전은 그중에서도 별미예요.
녹말가루를 넣어 쫄깃한 식감이 특징! 취향에 따라 밀가루나 부침가루를 넣어 바삭하게 만들어도 좋아요.

## Ready 2장 분량

**필수 재료**
애호박 • 1개, 양파 • ⅓개, 마른 새우 • ¼컵,
녹말가루 • 5

**선택 재료**
청양고추 • 1개

**양념**
소금 • 0.2

#01

애호박과 양파는 곱게 채 썰고,
청양고추는 송송 썰고,

**이밥차의 세끼 레시피 체험기**
곱게 채 썰어야 전을 부칠 때 부서지지 않아요.

#02

마른 새우는 곱게 다지고,

**이밥차의 세끼 레시피 체험기**
칼이나 미니 절구, 믹서를 사용해요.

#03

애호박에 소금(0.2)을 넣고 버무려
물기가 생기고 촉촉해지면 준비한
모든 재료와 녹말가루를 넣어 섞고,

**이밥차의 세끼 레시피 체험기**
물을 따로 넣지 않고 애호박에서 나오는
수분만으로 전 반죽을 했어요. 녹말가루는 쉽게
부서지기 쉬운 반죽에 점성을 더해줘요.

#04

팬에 식용유(4)를 둘러 중간 불로 달군
뒤 반죽을 펴 올려 앞뒤로 노릇하게
부쳐 마무리.

**이밥차의 세끼 레시피 체험기**
한쪽 면을 충분히 익힌 뒤 뒤집어야 쉽게
부서지지 않아요. 전의 크기를 작게 해서 부치면
쉽게 뒤집을 수 있어요.

11화

더위를 달래는 여름 특별식
# 열무김치

열무의 아삭한 식감과 시원한 국물이 일품인 열무김치.
계절마다 그때그때 담가 먹는 김치는 한 계절 밥상을 푸짐하게 채우는 든든한 보험이에요.
삼시세끼팀처럼 열무비빔밥을 해먹어도 좋고요.
국수를 말아 먹어도 맛이 끝내줘요.
열무는 상처가 나면 풋내가 나니 손질하고 버무릴 때 최대한 살살 만져요.

## Ready 김치통 3ℓ 분량

**필수 재료**
열무 • 1단=2kg, 쪽파 • 5대, 붉은 고추 • 2개

**절임용 소금물**
천일염 • 1½컵 + 물 • 10컵

**국물용 소금물**
소금 • 1 + 물 • 2컵

**밀가루풀**
감자 간 것 • 2 + 밀가루 • 4 + 물 • 6컵
밀가루 대신 찹쌀가루나 쌀가루를 이용해도 좋아요.

**양념장**
붉은 고추 • 6개 + 양파 • ½개 +
마늘 • 6쪽 + 고춧가루 • ½컵 +
까나리액젓 • 2 + 새우젓 • 1 + 매실액 • 4

#01

열무는 뿌리를 다듬어 껍질을 벗긴 뒤 먹기 좋은 크기로 썰고, 쪽파는 4cm 길이로 썰고, 붉은 고추는 송송 썰고.

#02

열무는 **절임용 소금물**에 담가 30분간 절인 뒤 위아래를 뒤집어 30분 더 절여 넉넉한 물에 흔들어가며 씻어 건지고,

**이밥차의 세끼 레시피 체험기**
열무를 절여서 사용해야 풋내가 나지 않고 물기가 생기지 않아 양념의 간이 싱거워지지 않아요. 하지만 열무를 오래 절이면 수분이 많이 빠져나와 질겨지고 아삭한 맛이 떨어져요. 잎은 잘 절여지고 줄기는 어느 정도 살아 있는 상태가 좋아요. 날씨가 더울 땐 30~40분만 절여요.

#03

냄비에 **밀가루풀** 재료를 넣고 중간 불에 올려 저어가며 풀을 쑨 뒤 식히고,

**이밥차의 세끼 레시피 체험기**
밀가루밖에 없을 때는 물 1컵에 밀가루 1숟가락 비율로 넣어요. 식히면 더욱 걸쭉해지니 되직한 농도가 나기 시작하면 바로 불을 꺼요.

#04

믹서에 **양념장** 재료를 곱게 갈고,

**이밥차의 세끼 레시피 체험기**
잘 갈리지 않을 때는 국물용 소금물을 조금씩 넣어가며 갈아요.

#05

밀가루풀에 양념장과 **국물용 소금물**, 쪽파와 고추를 섞고,

**이밥차의 세끼 레시피 체험기**
국물용 소금물을 넣으면 촉촉하고 국물이 자작한 김치를 만들 수 있어요. 먹었을 때 약간 짠 듯해야 익었을 때 간이 맞아요.

#06

열무를 넣고 가볍게 버무려 통에 담아 마무리.

**이밥차의 세끼 레시피 체험기**
풋내가 날 수 있으니 살살 버무려요. 담가서 바로 먹어도 되지만 상온에 하루 보관한 뒤 먹으면 맛이 더욱 좋아요.

### 부추가 향긋하게 감싸줘요
# 차돌박이부추무침

비 오는 옥순봉의 여름밤.
삼시세끼 식구들은 로맨틱하고 성공적인 고기파티를 열었답니다.
매콤새콤달콤한 부추무침과 야들야들한 차돌박이를 함께 먹는 환상의 하모니,
여기에 양념장을 넉넉하게 만들고 파를 채 썰어 무치면 고기 도둑 파절임까지 맛볼 수 있어요.
여행지나 캠핑장에서 고기를 구울 때 꼭 한번 만들어 보세요.

## Ready 4인분

**필수 재료**
영양부추 · 1줌=60g, 양파 · ½개,
차돌박이 · 500g, 참깨 · 약간

**양념장**
설탕 · 0.5 + 고춧가루 · 1.5 + 식초 · 1.5 +
간장 · 0.7 + 다진 마늘 · 0.5 + 매실액 · 1 +
참기름 · 0.5

#01

영양부추는 5cm 길이로 썰고,
양파는 곱게 채 썰고,

**이밥차의 세끼 레시피 체험기**
영양부추는 일반 부추보다 식감이 연하고 알싸한
향이 적어 맛이 부드러워요. 좀 더 알싸한 맛을
내고 싶다면 일반 부추를 사용하고 양념장에
연겨자를 약간 섞어 버무려도 좋아요.

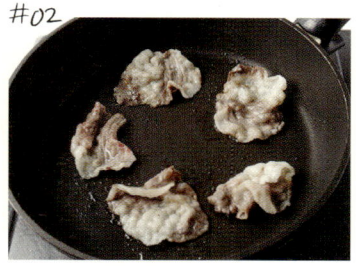

#02

중간 불로 달군 마른 팬에 차돌박이를
굽고,

**이밥차의 세끼 레시피 체험기**
차돌박이는 앞뒤로 핏물이 안 보일 정도로만
구워요. 기름이 많이 나와 중간중간 키친타월로
팬을 닦아가며 구워요.

#03

그릇에 영양부추와 양파를 담고
**양념장**을 넣어 가볍게 버무려
참깨를 뿌리고,

#04

차돌박이에 영양부추무침을 곁들여
마무리.

## 아메리칸 breakfast

옥순봉에는 때때로 서양식 아침상이 차려지죠.
화덕에 직접 만든 베이컨이 있는 날 바로 떠오른
메뉴는 '아메리칸 breakfast'였어요.
달걀 프라이에 베이컨, 매시드 포테이토를 함께 담으면
호텔 조식 부럽지 않은 근사한 아침 완성!
쌀 불리는 시간도 기다리기 힘든 배고픈 아침에
아메리카노 한잔과 함께 즐겨 보세요.

## Ready 2인분

**필수 재료**
감자 • 2개, 베이컨 • 4장, 달걀 • 4개

**선택 재료**
버터 • 1.5, 우유 • 4, 파슬리가루 • 약간

의 세끼 레시피 체험기
우유 대신 생크림을 사용하면 더 부드럽고 진한 맛을 낼 수 있어요. 버터는 실온에 미리 꺼내 놓았다가 부드러울 때 사용하면 편해요.

**양념**
소금 • 0.1

#01

감자가 잠길 정도로 물을 부어 젓가락으로 찔러 부드럽게 들어갈 때까지 삶고,

의 세끼 레시피 체험기
삼시세끼 식구들은 감자껍질을 벗겨 깍둑 썰어 삶았어요. 껍질을 벗겨서 삶으면 감자 깊숙이 물이 스며들어 질척거리거나 싱거워질 수 있어요.

#02

삶은 감자는 껍질을 벗겨 뜨거울 때 으깨고,

#03

으깬 감자가 식기 전에 버터(1.5)와 우유(4), 소금(0.1)을 섞고,

의 세끼 레시피 체험기
감자는 꼭 뜨거울 때 으깬 뒤 버터와 우유를 섞어야 식은 뒤에도 식감이 부드럽고 촉촉해요. 잘게 썰어 절인 오이나 다진 파프리카 등의 채소를 넣어 샌드위치 속재료로 활용해도 좋아요.

#04

중간 불로 달군 팬에 베이컨을 굽고,

#05

키친타월로 팬을 살짝 닦은 뒤 달걀을 반숙으로 프라이 하고,

의 세끼 레시피 체험기
흰자가 불투명해지고 노른자는 익지 않은 상태에서 물(1.5)를 넣고 뚜껑을 덮었다가 2분 뒤에 열면 보들보들한 반숙, '써니 사이드업'을 만들 수 있어요.

#06

접시에 준비한 요리를 먹음직스럽게 담고 파슬리가루를 뿌려 마무리.

## 싱그러운 여름의 맛
# 열무보리비빔밥

가마솥도 땀 흘리는 옥순봉의 여름,
더위에 입맛 없는 삼시세끼 가족들은 톡톡 터지는 보리쌀에
아삭한 열무김치를 넣어 시원하게 한 끼를 차렸어요.
입맛은 없는데 요리도 하기 귀찮은 날이면 삼시세끼 식구들처럼
집에 있는 김치와 고추장만 넣고 슥슥 비벼 가족들과 함께 먹어 보세요.
더위는 물러가고 가족간의 정은 깊어질 거예요.

## Ready 2인분

**필수 재료**
보리 • ½컵, 쌀 • 1½컵, 열무김치 • 1컵

**선택재료**
달걀 • 2개

**양념**
고추장 • 2, 참기름 • 1

#01

보리와 쌀은 씻어 30분간 불린 뒤 물(1½컵)을 부어 밥을 짓고,

**이밥차의 세끼 레시피 체험기**
보리는 통보리, (찹)쌀보리, 할맥, 압맥이 있어요. (찹)쌀보리, 할맥, 압맥은 쌀과 섞어 바로 밥을 짓지만 통보리는 물을 넉넉히 붓고 한 번 삶은 뒤 쌀과 섞어 밥을 지어요.

#02

열무김치는 먹기 좋은 크기로 썰고,

#03

중간 불로 달군 팬에 식용유(2)를 둘러 달걀프라이를 하고,

#04

그릇에 보리밥을 담고 열무김치와 달걀프라이를 얹고 고추장(2)과 참기름(1)을 넣어 마무리.

12화

**대왕채소, 물물교환, 성공적!**
# 감자탕

세끼 텃밭에서 가꾼 알록달록한 채소를 수확한 날.
고기와 냄비까지 얻어냈으니 이만하면 물물교환은 성공적이었죠.
얻어낸 재료로 의욕 넘치게 만든 메뉴는 바로 감자탕.
들깨가루에 찹쌀가루까지 넣어 깊은 맛을 살렸어요.
향긋한 깻잎으로 마무리한 삼시세끼의 감자탕을
이밥차가 보다 만들기 쉽고 맛있는 레시피로 업그레이드했어요.

## Ready  4인분

**필수 재료**
돼지 등뼈 • 1kg, 감자 • 3개,
삶은 시래기 • ½줌, 얼갈이배추 • 1줌

**선택 재료**
소주 • ½컵, 통후추 • 0.3, 대파 • 20cm

**양념장**
고춧가루 • 4 + 청주 • 2 + 간장 • 1.5 +
다진 마늘 • 2 + 다진 새우젓 • 2 +
된장 • 2 + 고추장 • 2 + 후춧가루 • 약간

**양념**
소금 • 0.3 + 약간, 들깻가루 • 적당량,
찹쌀가루 • 2

### #01

돼지 등뼈에 잠길 만큼의 물과 소주(½컵)를 부어 새 물로 3~4회 갈아가며 4시간 정도 담가 핏물을 빼고,

**이밥차의 세끼 레시피 체험기**
돼지 등뼈의 핏물을 잘 빼줘야 조리한 뒤에도 누린내가 나지 않아요. 소주를 섞은 물에 담가 핏물을 뺀 뒤 향신 채소와 함께 데치세요.

### #02

감자는 큼직하게 썰고,
삶은 시래기는 2~3등분하고,

### #03

얼갈이배추는 끓는 물(5컵)에 소금(0.3)을 넣고 데친 뒤 찬물에 헹궈 물기를 짜 2~3등분하고,

### #04

냄비에 돼지 등뼈가 잠길 만큼의 물과 통후추(0.3), 대파를 넣고 끓어오르면 돼지 등뼈를 넣어 5분간 삶아 건지고,

**이밥차의 세끼 레시피 체험기**
데친 뒤 뼈에 덩어리진 피나 불순물은 흐르는 물에 씻어 주세요.

### #05

냄비에 등뼈와 감자, 시래기, 얼갈이배추, **양념장**을 넣고 잠길 만큼의 물을 부어 중간 불에서 끓이고,

### #06

고기가 부드러워지고 감자가 다 익으면 들깻가루와 찹쌀가루(2)를 국물에 섞고 부족한 간은 소금으로 맞춰 마무리.

**이밥차의 세끼 레시피 체험기**
국물에 찹쌀가루를 넣으면 걸쭉해지면서 양념 맛이 진해지고 다른 재료에도 양념이 잘 묻어 맛있어요. 그릇에 국물을 약간 덜어낸 뒤 찹쌀가루를 풀어 부으면 덩어리지지 않아요.

12화

요리 좀 배운 남자의 레시피
# 차돌박이된장찌개

일명 '백파'의 계승자로 불린 게스트의 요리 솜씨는 기대만큼이나 훌륭했어요.
옥순봉에서 끓인 된장찌개 중 가장 맛있다는 극찬을 받았어요.
이 맛있는 레시피를 묵혀둘 수 없죠. 이밥차가 깔끔하게 정리했어요.

## Ready 4인분

**필수 재료**
차돌박이 • 200g, 무 • 1토막=150g,
감자 • 1개, 청양고추 • 1개, 대파 • 10cm

**선택 재료**
애호박 • ⅓개, 쌀뜨물 • 4컵

**양념**
설탕 • 0.5, 다진 마늘 • 1, 된장 • 3,
고추장 • 1

#01

차돌박이는 도톰하게 썰고,

#02

무는 곱게 채 썰고, 감자와 애호박은 한 입 크기로 썰고, 청양고추와 대파는 송송 썰고,

**이밥차의 세끼 레시피 체험기**
무는 결 반대 방향으로 썰면 끓이는 동안 잘 으깨져서 국물이 지저분해져요. 무는 결 방향으로 썰어요.

#03

약한 불로 달군 냄비에 차돌박이가 하얗게 변할 때까지 볶다가 무와 감자를 넣어 중간 불에서 2분간 볶고,

**이밥차의 세끼 레시피 체험기**
자주 저으면 무가 으깨져서 국물이 지저분해질 수 있어요.

#04

쌀뜨물을 붓고 애호박과 **양념**을 넣어 끓이고,

**이밥차의 세끼 레시피 체험기**
쌀뜨물 대신 멸치다시마육수를 사용해도 돼요. 또 감자와 애호박을 생략하고 무만 넉넉하게 넣어 끓여도 좋아요.

#05

채소가 부드럽게 익으면 청양고추와 대파를 넣고 한 번 더 끓여 마무리.

13화

### 새콤달콤 핑크빛
# 피클

밥상에 김치가 없으면 허전한 것처럼,
양식을 먹을 때 빼놓을 수 없는 게 바로 피클이죠.
오이순무에 비트가 아삭하게 잘 익은 김에 외국 가정식 스타일로 만들어 봤어요.
피클에 비트를 넣으면 핑크빛 물이 곱게 들어 밥상을 빛내줘요.
파스타는 물론 볶음밥과도 잘 어울린답니다.

### Ready 보관통 1ℓ 분량

**필수 재료**
오이 • 1개, 비트 • ½개=500g

**피클물**
설탕 • 1컵 + 식초 • 1½컵 + 물 • 1½컵

#01

오이는 동그란 모양 대로 도톰하게 썰고,

#02

비트는 감자칼로 껍질을 벗겨 한입 크기로 깍둑 썰고,

**이밤차의 세끼 레시피 체험기**
비트는 색이 진하고 물이 잘 들어서 썰고 난 뒤 바로 도마를 헹궈야 해요. 손에도 물이 들지 않도록 비닐장갑을 끼고 썰어요.

#03

소독한 유리병에 오이와 비트를 담고,

#04

냄비에 **피클물** 재료를 넣어 설탕이 녹을 때까지 중간 불에서 끓이고,

#05

비트와 오이에 뜨거운 피클물을 붓고 미지근해질 때까지 식힌 뒤 뚜껑을 덮어 냉장실에서 2~3일간 숙성시켜 마무리.

**이밤차의 세끼 레시피 체험기**
채소에 뜨거운 물을 부으면 채소가 오히려 더 아삭아삭해진답니다. 뜨거울 때 뚜껑을 덮으면 채소가 무르니 꼭 식힌 뒤에 뚜껑을 닫아 보관해요.

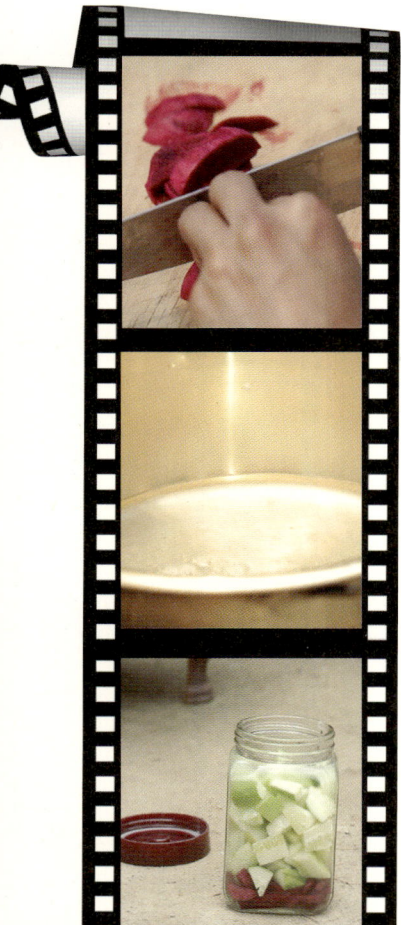

13화

소스가 환상!
# 토마토스파게티

생토마토를 넣어 상큼하고 신선한
삼시세끼의 토마토소스를 맛보면 놀랄 거예요.
시판 제품처럼 새콤한 맛을 더하고 싶다면
통조림 토마토나 토마토페이스트를 더하면 돼요.
다만 토마토페이스트는 시큼한 맛이 강하니 꼭 볶아 주세요.

## Ready 2인분

**필수 재료**
양파 • ½개, 마늘 • 2쪽, 토마토 • 2개,
다진 쇠고기 • ½컵=100g,
스파게티 • 2줌=200g

**선택 재료**
바질 • 약간

**양념**
올리브유 • 2, 후춧가루 • 약간, 소금 • 0.6

#01

양파와 마늘, 바질은 잘게 다지고,

**이밥차의 세끼 레시피 체험기**
생허브잎 대신 마른 허브가루(바질, 파슬리)나 마른 월계수잎을 사용해도 돼요.

#02

토마토는 꼭지 뒷면에 십자 모양으로 칼집을 넣어 끓는 물에 15초간 데치고,

#03

찬물에 바로 담가 겉껍질을 벗겨 굵게 다지고,

#04

중간 불로 달군 팬에 올리브유(2)를 둘러 다진 쇠고기에 후춧가루를 뿌리며 볶고,

#05

쇠고기의 겉면이 다 익으면 다진 채소를 넣어 볶다가 토마토에서 수분이 나와 끓어오르면 소금(0.1)으로 간을 맞춰 3분간 더 끓이고,

**이밥차의 세끼 레시피 체험기**
토마토페이스트를 넣는 경우, 쇠고기를 볶은 뒤 토마토페이스트를 넣고 시큼한 향이 날아갈 때까지 볶다가 다진 토마토를 넣으세요.

#06

끓는 물(5컵)에 소금(0.5)과 스파게티를 넣어 8~10분간 삶아 건진 뒤 소스에 버무리며 볶아 마무리.

13화

## 옥순봉에 셰프가 떴다!
# 로스트치킨

국방에서 맹활약 중인 셰프의 요리 솜씨는 삼시세끼에서도 빛을 발했어요.
닭고기에 소금크림을 발라 구우니 닭가슴살도 촉촉해질 정도로 부드럽네요.
여기에 팁을 하나 더하면 살이 촉촉하게 구워진 뒤
쿠킹포일을 벗겨 겉이 바삭해지도록 조금 더 구워 주세요.

## Ready 4인분

**필수 재료**
닭 • 1마리=1kg, 레몬 • 1개, 깻잎 • 10장

**선택 재료**
감자 • 1개, 가지 • 1개, 당근 • 1개

**소금크림 재료**
달걀 흰자 • 4개 분량, 설탕 • 3,
굵은 소금 • 1컵

**양념**
소금 • 0.3, 후춧가루 • 약간, 머스터드 • 4,
올리브유 • 4, 다진 허브잎 • 약간,
다진 마늘 • 1, 버터 • 5

**이밥차의 세끼 레시피 체험기**
다진 허브잎 대신 마른 허브가루를 사용해도 돼요.

#01

닭은 목과 꽁지, 날개 끝을 자른 뒤 깨끗이 헹궈 물기를 가볍게 닦아내고 살이 두꺼운 부분에 칼집을 넣어 소금(0.2), 후춧가루를 뿌리고,

#02

감자, 가지, 당근은 큼직하게 썰고, 레몬(½개)은 4~5등분하고,

#03

닭의 배 속에 채소와 레몬을 채워 넣고 이쑤시개로 배가 벌어지지 않도록 꿰고,

**이밥차의 세끼 레시피 체험기**
시큼한 맛을 싫어할 경우 레몬은 생략해도 좋아요.

#04

머스터드(4)에 올리브유(2), 다진 허브잎, 다진 마늘(1)을 섞어 닭에 바르고,

#05

남은 채소에 올리브유(2), 소금(0.1), 후춧가루를 넣어 버무리고,

#06

달걀 흰자에 설탕(3)을 넣어 단단한 거품이 될 때까지 저은 뒤 굵은 소금(1컵)을 넣어 버무리고,

#07

닭을 깻잎으로 덮은 뒤 소금크림을 한 겹 발라 덮고,

#08

200℃로 예열한 오븐에 닭과 채소를 넣어 40분간 굽고,

#09

채소는 건져내고, 닭은 소금크림을 깨서 벗겨낸 뒤 남은 레몬(½개)을 짜서 즙을 뿌리고 버터(5)를 발라 180℃에서 15분간 구워 마무리.

13화

한입 먹으면 여기가 치앙마이~
# 태국식볶음밥

요리 하나로 옥순봉 앞마당이 어느새 치앙마이 리조트가 됐네요.
태국의 풍미가 진하게 풍기는 태국식볶음밥. 따라 해보니 전혀 어렵지 않았어요.
신선한 채소를 기름에 달달 볶다 버터로 고소한 풍미를 더하고,
액젓으로 태국의 향취를 살리면 완성!
피시소스 없이 태국음식 만들기 이렇게 쉽네요.

### Ready 2인분

**필수 재료**
쪽파 • 4대, 양파 • ⅓개,
다진 쇠고기 • ⅖컵=100g, 밥 • 2공기,
마른 새우 • ⅓컵

**선택 재료**
당근 • ⅕개, 샬롯 • 1개

**양념**
고춧가루 • 0.2, 다진 마늘 • 0.7, 액젓 • 0.5,
후춧가루 • 약간, 버터 • 1, 참기름 • 약간

#01

쪽파는 5cm 길이로 썰고, 양파는 채 썰고, 당근은 다지고, 샬롯은 굵게 다지고.

**이밥차의 세끼 레시피 체험기**
부재료는 파인애플이나 닭고기 등 다른 재료로 바꿔도 좋아요.

#02

키친타월에 올려 핏물을 뺀 쇠고기는 중간 불로 달군 팬에 식용유(1)를 둘러 볶고.

#03

쇠고기가 다 익으면 양파, 당근, 샬롯을 넣은 뒤 버터, 참기름을 제외한 **양념**을 넣어 볶고.

**이밥차의 세끼 레시피 체험기**
샬롯은 양파와 비슷하지만 크기가 작고 좀 더 달큰하고 부드러운 맛이에요. 생략하고 양파의 분량을 늘려도 돼요.

#04

버터(1)와 밥을 넣어 고루 볶고.

#05

쪽파와, 참기름, 마른 새우를 넣고 볶아 마무리.

**이밥차의 세끼 레시피 체험기**
태국식볶음밥은 피시소스로 간을 맞추는 게 특징이에요. 피시소스는 어간장이라고도 하며 생선과 오징어 등의 해산물에 소금과 물을 넣고 발효시켜 만들어요. 멸치액젓이나 까나리액젓으로도 대체가 가능해요. 적당량만 넣으면 감칠맛이 더해져 맛이 풍부해져요. 소금으로만 간을 맞춰도 돼요.

13화

### 여름 밤의 달콤함
# 수박주

시골 앞마당에서 요리하고 있는 삼시세끼 식구들을 보면
'나도 놀러가서 이 요리는 꼭 해먹어야 겠다' 싶을 때가 있죠.
아마 수박주도 많은 시청자들이 마음속으로 찜해 놓은 요리일 거예요.
통통한 수박을 반 갈라 반통은 수박주로,
나머지 반통은 후식으로 먹으며 여름 밤의 더위를 날려 보세요.

## Ready 5컵 분량

**필수 재료**
수박 • ½통, 소주 • 4컵

**선택 재료**
얼음 • 적당량

**양념**
꿀 • 3

#01

숟가락으로 수박 과육을 파내고,

**이밥차의 세끼 레시피 체험기**
수박이 움직이지 않도록 밑동을 평평하게 잘라 세운 뒤 파내면 쉬워요. 수박 껍질도 버리지 말고 그릇으로 사용해 분위기 있게 즐겨요.

#02

파낸 수박에 소주와 꿀(3)을 넣어 섞고,

#03

얼음을 넣어 마무리.

**이밥차의 세끼 레시피 체험기**
수박의 맛이 우러날 때까지 잠시 두었다가 먹어요. 수박의 향과 맛을 진하게 내기 위해 수박과 소주를 믹서에 곱게 갈아 섞어도 좋아요.

## 패티는 넉넉하게 준비해요
# 수제햄버거와 감자튀김

이태원 탑 셰프가 지글지글 수제버거 패티를 굽는 모습에 눈과 귀가 즐거웠죠.
패티를 넉넉하게 만들어 냉동해두고 햄버그스테이크로 즐겨도 좋아요.
식용유를 두른 팬에 중간 불로 겉을 구운 뒤 약한 불로 줄여 속까지 익히면 노릇하게 구워져요.
여기에 달걀프라이와 치즈를 곁들이면 상상만으로도 군침이 돌 거예요.
감자튀김은 식용유에 버터와 로즈마리를 넣어 향과 맛을 더하는 게 포인트예요.

## Ready 4인분

**수제햄버거 재료**

**필수 재료**
대파 • 10cm, 양파 • ¾개, 마늘 • 2쪽,
양배추 • 4장=100g, 토마토 • 1개,
다진 돼지고기 • 1컵, 다진 쇠고기 • 3컵,
모닝빵 • 8개

**소스 재료**
올리브유 • 2, 다진 양파 • ¼개 분량, 물 • 3,
흑설탕 • 1, 고춧가루 • 0.2, 굴소스 • 1,
케첩 • 3

**양념**
고춧가루 • 0.3, 소금 • 0.2, 후춧가루 • 0.1

#01

대파, 양파, 마늘은 다지고, 양배추는 곱게 채 썰고, 토마토는 동그란 모양을 살려 썰고,

#02

올리브유(2)를 두른 팬에 다진 양파 (¼개 분량), 다진 마늘을 중간 불에서 볶다가 나머지 **소스 재료**를 넣고 끓여 따로 두고,

#03

중간 불로 달군 팬에 식용유(0.5)를 두르고 다진 돼지고기, 다진 대파, 고춧가루(0.3), 소금(0.2), 후춧가루 (0.1)를 넣어 볶고,

**이밥차의 세끼 레시피 체험기**
완벽히 익혀야 하는 돼지고기는 미리 볶아서 넣으면 좋아요.

#04

다진 쇠고기에 볶은 돼지고기와 다진 양파(¾개 분량)를 넣어 고루 치대 모닝빵보다 살짝 더 큰 크기로 둥글납작하게 빚고,

**이밥차의 세끼 레시피 체험기**
패티는 구우면 크기는 약간 줄고 가운데가 봉긋해져요. 굽기 전에 가운데가 움푹해지도록 눌러 주세요.

#05

중간 불로 달군 팬에 식용유(2)를 둘러 패티를 앞뒤로 노릇하게 굽고,

**이밥차의 세끼 레시피 체험기**
패티가 도톰할 때는 뚜껑을 덮어 속까지 촉촉하게 익혀요.

#06

모닝빵을 반으로 갈라 양배추, 패티, 소스, 토마토를 순서대로 올리고 남은 모닝빵으로 덮어 마무리.

## Ready 4인분

**감자튀김 재료**

**필수 재료**
감자 • 3개

**선택 재료**
버터 • 1, 로즈마리 • 1줄기

**양념**
소금 • 0.1

#01

냄비에 감자를 담고 잠길 만큼의 물을 부어 중간 불에서 삶고,

#02

젓가락으로 찔러 반 정도 들어가면 건져 먹기 좋은 크기로 썰어 물기를 빼고,

**이밥차의 세끼 레시피 체험기**
감자를 삶아서 튀기면 더 빨리 튀길 수 있지만 물기를 잘 제거해야 기름이 튀지 않아요. 감자는 완전히 익히면 튀기는 동안 뭉개져 지저분해져요.

#03

170℃로 달군 식용유(3컵)에 버터(1)를 녹인 뒤 감자를 넣어 튀기다 겉이 노릇해지기 시작하면 로즈마리를 넣고,

**이밥차의 세끼 레시피 체험기**
로즈마리 향을 입히기 위한 과정이에요. 로즈마리는 생략해도 괜찮아요. 튀김에 버터를 넣으면 색이 빨리 나고 쉽게 탈 수 있어 감자를 살짝 익혀서 튀겨요.

#04

노릇하게 튀긴 감자는 키친타월에 밭쳐 기름기를 뺀 뒤 소금(0.1)을 뿌리고, 햄버거에 곁들여 마무리.

14화

김치가 필요할 때 후다닥
# 오이소박이

밀가루풀을 넣어 국물이 자작한 스타일의 오이소박이에요.
김치가 금방 익어 실온에서 반나절만 숙성시키면 맛있게 먹을 수 있죠.
오이소박이 소에 양파를 더하면 맛이 시원하고 깔끔해져요.

### Ready 10인분

**필수 재료**
오이 • 5개, 굵은 소금 • 5, 부추 • 1줌

**밀가루풀**
밀가루 • 0.7 + 물 • ⅔컵

**양념장**
고춧가루 • 8 + 설탕 • 3 + 다진 마늘 • 2 +
까나리액젓 • 4 + 새우젓 • 4

#01

오이는 5cm 길이로 썰어 끝에 1cm를 남긴 뒤 십자모양(十)으로 칼집을 넣고, 부추는 5cm 길이로 썰고,

**이밥차의 세끼 레시피 체험기**
오이는 굵은 소금(2)으로 문질러 씻은 뒤 물에 헹궈요.

#02

굵은 소금(3)과 물(5컵)을 넣어 끓인 물을 오이에 부어 1시간 정도 절이고,

**이밥차의 세끼 레시피 체험기**
오이는 뜨거운 물에 절여야 김치를 만든 뒤에도 물컹해지지 않아요. 칼집 낸 오이를 구부렸을 때 부러지지 않고 잘 구부러지면 다 절여진 거예요.

#03

냄비에 **밀가루풀**을 넣어 중약 불에서 농도가 되직해질 때까지 끓여 차게 식히고,

#04

밀가루풀에 **양념장**을 넣고 고루 섞은 뒤 부추와 살살 버무리고,

**이밥차의 세끼 레시피 체험기**
오이소박이에 밀가루풀을 넣으면 김치가 금방 익고, 국물김치로도 잘 어울려요. 대신 오이가 금방 물러져 오래 보관이 어려워요. 더운 날씨에는 금방 먹을 수 있을 양만 만들고 실온에서 반나절만 숙성시켜 바로 냉장실에 보관해요.

#05

오이 사이에 양념을 채워 밀폐용기에 담아 반나절 동안 실온에서 숙성시킨 뒤 냉장 보관해 마무리.

### 부먹도 찍먹도 좋다!
# 탕수육

삼시세끼 가족을 위해 탕수육 왕의 마음으로 만든 요리.
4번의 전화찬스와 보조 셰프들 덕분에 최고의 맛이 탄생했어요.
밀가루 대신 녹말가루로 쫀득쫀득한 식감을 살렸고요.
파인애플과 아삭아삭한 채소를 넣은 새콤달콤 소스의 궁합이 척척 맞아요.

## Ready 2인분

**필수 재료**
돼지고기(안심 또는 등심) • 250g,
적양배추 • 2장, 당근 • ¼개, 오이 • ⅓개,
녹말가루 • ½컵

**선택 재료**
양파 • ¼개, 통조림 파인애플 • 1쪽

**밑간**
소금 • 0.1, 청주 • 1, 후춧가루 • 약간

**소스**
설탕 • ⅓컵, 식초 • ⅓컵, 간장 • 2.5

**녹말물**
녹말가루 • 0.5 + 물 • 1

#01

돼지고기는 막대 모양으로 썰어 **밑간**에 버무리고,

#02

양파와 적양배추는 굵게 채 썰고, 당근과 오이, 파인애플은 한입 크기로 썰고,

#03

밑간한 돼지고기에 녹말가루를 넣어 버무리고,

**이밥차의 세끼 레시피 체험기**
녹말가루만 있으면 요리 초보라도 실패 없이 만들 수 있어요. 두꺼운 튀김반죽으로 했을 때보다 바삭함은 덜하지만 식감이 부드럽고 육즙이 풍부해요. 녹말가루를 묻히고 촉촉하게 젖어들면 한 번 더 묻혀도 좋아요.

#04

180℃로 달군 식용유(3컵)에 녹말가루를 묻힌 돼지고기를 넣어 노릇하게 튀겨 건지고,

**이밥차의 세끼 레시피 체험기**
달군 기름에 나무젓가락을 넣어 2~3초 뒤 기포가 올라오면 적당한 온도예요.

#05

냄비에 설탕(⅓컵), 식초(⅓컵), 간장(2.5), 물(1½컵), 양파, 당근을 넣고 끓어오르면 적양배추와 파인애플을 넣고,

#06

**녹말물**을 넣고 불을 끈 뒤 오이를 섞고, 튀긴 탕수육을 그릇에 담고 소스를 붓거나 곁들여 마무리.

**이밥차의 세끼 레시피 체험기**
오이는 오래 끓이면 갈색이 돼요.

14화

태국 다음은 보라카이
# 마늘볶음밥

옥순봉에서 만나는 세계의 음식들.
이번에는 보라카이식 볶음밥이에요.
대파와 다진 마늘을 넉넉히 넣어 아주 향긋해요.
씹는 식감을 느끼고 싶다면 마늘을 납작 썰어
노릇하게 구운 뒤 다른 재료와 섞어 볶아 내도 좋아요.

## Ready 2인분

**필수 재료**
붉은 고추 • ½개, 풋고추 • ½개,
양파 • ¼개, 대파 • 15cm, 밥 • 2공기,
달걀 • 2개

**양념장**
설탕 • 0.7 + 간장 • 1 + 식초 • 2 +
까나리액젓 • 0.5

**양념**
다진 마늘 • 1.5, 후춧가루 • 약간

#01

고추는 송송 썰고, 양파는 굵게 다지고,
대파는 송송 썰고,

#02

양념장에 송송 썬 고추와 굵게 다진
양파를 넣고,

#03

식용유(2)를 두른 팬에 대파를 볶다가
다진 마늘(1.5)을 넣고 중간 불에서
20초간 볶은 뒤 밥을 넣어 볶고,

#04

밥을 한쪽으로 밀고 달걀을 넣어
스크램블에그를 만든 뒤 밥과 섞고,
후춧가루를 뿌려 조금 더 볶고,

#05

볶음밥을 그릇에 담은 뒤 양념장을
곁들여 마무리.

## 쫀득쫀득 고소한
# 콘수프

감자와 양파를 넣어 더욱 고소하고 쫀득쫀득해졌어요.
방송에서처럼 옥수수 알갱이를 빻으면
씹는 식감이 살아 있는 스타일의 콘수프가 돼요.
이밥차에서는 식감이 있으면서도 부드럽고
고운 맛도 느낄 수 있도록 반 이상은 믹서에 갈고,
일부는 그대로 사용했어요.

## Ready 2인분

**필수 재료**
통조림 옥수수 • 1캔=340g, 양파 • ½개,
감자 • 1개, 우유 • 1컵

**이밥차의 세끼 레시피 체험기**
통조림 대신 생옥수수를 삶아 알맹이만 발라내서
사용하면 더 좋아요.

**양념**
버터 • 1, 소금 • 0.2, 후춧가루 • 0.1

#01
통조림 옥수수는 체에 밭쳐 물기를 빼고,

#02
양파와 감자는 잘게 다지고,

#03
버터(1)를 두른 팬에 양파와 감자를 중간 불에서 볶고,

#04
감자의 가장자리가 투명해지면 물(1½컵)을 부어 익히고,

#05
감자가 부드럽게 으깨질 정도로 익으면 한 김 식혀 믹서에 붓고 옥수수(¾ 분량)와 우유를 넣어 같이 곱게 갈고,

#06
냄비에 옮겨 소금(0.2), 후춧가루(0.1)로 간을 맞추고 중간 불에서 저어가며 농도가 날 때까지 끓인 뒤 남겨둔 옥수수(¼ 분량)를 넣어 마무리.

**이밥차의 세끼 레시피 체험기**
우유를 넣어 끓이면 쉽게 넘쳐 자주 저어야 해요. 우유는 오래 끓이면 가열취라고 해서 특유의 향이 생기고 신선한 맛이 떨어져 탁해져요.

15화

셰프 버럭이의
# 알리오올리오

드라마에서 원조 버럭 셰프로 활약한 게스트가
그때의 경험을 살려 멋진 파스타를 선보였어요.
이탈리아 국기와 같은 색의 재료를 넣기 위해 마늘과
무청, 고추를 넣어 만들었죠. 방송처럼 페페론치노를
구하기 어려울 때는 청양고추를 사용해도 돼요.
무청을 넣으면 구수한 맛이 나는 매력적인 파스타가 된답니다.
여기서는 기본 레시피를 소개해 드릴게요.
재료를 마음껏 바꿔가며 응용해 보세요.

### Ready 2인분

**필수 재료**
마늘 • 3쪽, 페페론치노 • 5개,
파슬리 • 1줄기, 스파게티 • 2줌

**양념**
소금 • 0.5, 올리브유 • 5

#01

마늘은 납작 썰고, 페페론치노와 파슬리는 잘게 다지고,

#02

냄비에 물(5컵)을 붓고 소금(0.5)과 올리브유(2)를 넣어 끓어오르면 스파게티를 넣어 8분간 삶아 건지고,

**이밥차의 세끼 레시피 체험기**
면 삶은 물(면수)은 약간 남겨요.

#03

팬에 올리브유(3)를 두른 뒤 마늘과 페페론치노를 넣어 중간 불에서 마늘이 노릇해질 때까지 볶고,

**이밥차의 세끼 레시피 체험기**
방송에서는 무청 시래기도 함께 썰어 넣고 볶아 무청의 구수한 맛이 더해진 특색 있는 알리오올리오를 만들었어요. 페페론치노 대신 청양고추를 넣어도 좋아요.

#04

삶은 면과 파슬리, 면 삶은 물을 넣고 센 불에서 볶아 마무리.

**이밥차의 세끼 레시피 체험기**
면 삶은 물(면수)을 약간 넣으면 촉촉한 파스타를 만들 수 있어요. 면수에 이미 간이 되어 있어 따로 소금 간을 하지 않아도 돼요.

15화

### 국물이 끝내주는
# 봉골레파스타

버럭 셰프의 전매특허 파스타 2탄은 봉골레파스타!
살짝 매콤하고 감칠맛 나는 국물이 일품이죠.
바지락을 넉넉히 넣고 뚜껑을 덮어 바지락의 입이 벌어질 때까지
익히면 바지락에서 육즙이 나와 육수가 만들어져요.
뚜껑을 덮지 않으면 국물이 생기지 않으니 방송처럼 꼭 뚜껑을 덮어 주세요.

## Ready 2인분

**필수 재료**
바지락 • 2컵, 마늘 • 3쪽, 페페론치노 • 5개,
파슬리 • 3줄기, 스파게티 • 2줌

**양념**
소금 • 1.3, 올리브유 • 5, 화이트와인 • 3

#01

넉넉한 양의 물에 소금(1)을 녹인 뒤 바지락을 넣고 검은 봉지나 쿠킹포일로 덮어 해감을 하고,

**이밥차의 세끼 레시피 체험기**
바지락은 쉽게 상하기 때문에 해감할 때는 꼭 냉장고 또는 서늘한 곳에서 보관해요.

#02

마늘은 납작 썰고, 페페론치노와 파슬리는 잘게 다지고,

#03

냄비에 물(5컵)을 붓고 소금(0.3)과 올리브유(2)를 넣어 끓어오르면 스파게티를 넣어 8분간 삶아 건지고,

**이밥차의 세끼 레시피 체험기**
면 삶은 물(면수)은 약간 남겨요.

#04

팬에 올리브유(3)를 둘러 마늘과 페페론치노를 넣어 중간 불에서 마늘이 노릇해질 때까지 볶고,

#05

해감한 조개는 비벼가며 씻은 뒤 물기를 빼서 넣고 센 불에서 화이트와인(3)을 뿌려가며 볶다가 뚜껑을 덮고,

#06

삶은 면과 파슬리, 면 삶은 물(약간)을 넣고 빠르게 볶아 마무리.

15화

**MSG는 안녕**
# 김치찌개

파스타는 척척 만들어 냈지만 김치찌개를 끓이는 덴 고전을 면치 못한 게스트.
결국 MSG의 힘을 빌렸는데요.
김칫국물에 양념장만 살짝 더하면 MSG 없이도
맛있게 끓일 수 있다는 걸 보여 드릴게요.

## Ready 4인분

**필수 재료**
대파 • 10cm, 양파 • ½개,
두부 • ½모=150g, 묵은지 • ¼포기,
돼지고기 • 150g, 쌀뜨물 • 3컵,
김칫국물 • 1컵

**양념장**
고춧가루 • 1 + 설탕 • 0.5 + 다진 마늘 • 0.5

#01

대파는 어슷 썰고, 양파는 채 썰고, 두부는 납작 썰고.

#02

묵은지와 돼지고기는 한입 크기로 썰고.

#03

**양념장**에 김치를 넣어 버무리고.

#04

냄비에 돼지고기와 양념한 김치를 넣어 중간 불에서 볶고.

#05

쌀뜨물과 김칫국물을 부어 10분간 끓이고.

#06

양파와 두부, 대파를 넣고 2분간 더 끓여 마무리.

### 먹음직함 추가
# 김치두루치기

김치두루치기는 묵은지로 볶아야 식감이 부드럽고 맛이 잘 어울려요.
방송에서는 삼겹살과 김치만 넣고 볶아내 맛과 색감이 부족했죠.
고춧가루로 색감을 진하게 내면서 매콤한 맛을 더하고, 고추장을 넣어 감칠맛을 추가해요.

**Ready** 2인분

**필수 재료**
돼지고기(삼겹살) • 200g, 묵은지 • 2컵

**양념**
고춧가루 • 1, 고추장 • 0.5, 참깨 • 0.2

#01

삼겹살과 묵은지는 한입 크기로 큼직하게 썰고,

#02

센 불로 달군 팬에 삼겹살을 굽고,

#03

묵은지와 고춧가루(1), 고추장(0.5)을 넣어 묵은지가 부드러워질 때까지 중간 불로 볶고,

#04

그릇에 담고 참깨(0.2)를 뿌려 마무리.

**의 세끼 레시피 체험기**
김치의 신맛이 너무 강할 경우 약간의 설탕을 첨가해도 좋아요.

15화

**싱싱함 가득**
# 토마토루꼴라피자

네 남자가 아점 메뉴로 준비한 루꼴라 피자.
심봉사도 눈 뜨게 할 맛이라며 순식간에 피자 한 판을 비웠죠.
토마토소스와 반죽의 비법을 이밥차가 차근차근 짚어 드릴게요.
루꼴라가 없다면 어린잎채소나 샐러드용 채소를 얹어
신선한 맛을 살려 보세요.

### Ready 2인분

**필수 재료**
토핑용 방울토마토 • 4개,
슈레드 모차렐라치즈 • ⅔컵,
루꼴라 • 1줌, 파르메산 치즈가루 • 적당량

**반죽 재료**
인스턴트 드라이이스트 • 0.3,
밀가루(강력분) • 1½컵=150g, 소금 • 0.1,
올리브유 • 2

**토마토소스**
양파 • ¼개, 셀러리 • 6cm,
생허브잎 • 약간, 마늘 • 2쪽, 토마토 • 2개,
올리브유 • 1, 후춧가루 • 0.1

#01

물(½컵)에 이스트(0.3)를 섞은 뒤 나머지 반죽 재료를 섞어 치대 매끈하게 한 덩어리로 뭉쳐지면 랩을 씌워 1차 발효하고,

**이밥차의 세끼 레시피 체험기**
손을 담갔을 때 따뜻하다고 느껴질 정도(38℃)의 물을 사용해야 발효가 잘 돼요.

#02

양파, 셀러리, 허브잎, 마늘은 잘게 다지고 토핑용 방울토마토는 2~4등분하고,

**이밥차의 세끼 레시피 체험기**
토마토소스에 생허브잎을 넣어 향긋한 향을 더했어요. 생허브잎 대신 마른 허브가루를 사용하거나 생략해도 괜찮아요. 토마토소스에는 바질이 가장 잘 어울려요.

#03

껍질을 벗긴 토마토는 과육을 뭉개 다진 채소와 올리브유(1), 후춧가루(0.1)를 섞어 걸쭉해질 때까지 중간 불에서 끓이고,

**이밥차의 세끼 레시피 체험기**
토마토는 꼭지 뒷면에 십자(+)로 칼집을 넣고 끓는 물에 살짝 데쳐 찬물에 담그면 껍질을 쉽게 벗길 수 있어요.

#04

반죽을 가볍게 눌러 기포를 뺀 뒤 덧가루를 뿌려가며 납작하게 밀고,

#05

포크로 찔러 반죽에 구멍을 낸 뒤 토마토소스를 바르고 모차렐라치즈, 방울토마토를 얹어 200℃로 예열한 오븐에 넣어 20분간 굽고,

#06

다 구워진 피자에 루꼴라와 파르메산 치즈가루를 얹어 마무리.

# 손에서 내려놓을 수 없어!
# 마약옥수수

고소하면서도 맵고 짠맛이 어우러진 마약옥수수를 아시나요?
홍대에서 유행이 시작되어 이제는 집에서도 많이 따라 하는데요.
순식간에 완성할 수 있어 더 좋아요.
오묘하고 희한한데 한 번 먹으면 멈출 수 없는 중독적인 맛에 빠져 보세요.

### Ready 2개 분량

**필수 재료**
삶은 옥수수 • 2개

**양념**
버터 • 1.5, 설탕 • 1.5, 마요네즈 • 1.5,
파르메산 치즈가루 • ½컵,
고춧가루 • 약간, 파슬리가루 • 약간

#01

팬에 버터(1.5), 설탕(1.5), 마요네즈(1.5)를 넣어 설탕이 녹으면 삶은 옥수수를 넣어 중간 불에서 조리고,

**이밥차의 세끼 레시피 체험기**
너무 긴 것은 팬에서 구울 수 있게 반으로 잘라요.

#02

파르메산 치즈가루(½컵)를 고루 묻힌 뒤 고춧가루와 파슬리가루를 뿌려 마무리.

**이밥차의 세끼 레시피 체험기**
아이들에게 줄 때는 옥수수알만 발라내 버터, 설탕, 마요네즈를 섞은 양념에 조린 뒤 파르메산 치즈가루를 뿌려 내도 좋아요. 대신 구운 옥수수는 식으면 식감이 단단해질 수 있어 따뜻할 때 드세요.

## 채소 가득 상큼한
# 카레라이스

옥순봉을 다시 찾은 아름다운 그녀를 위한 카레라이스는
재료부터 담음새까지 사심 가득 특별했어요.
카레에 고추나 파프리카, 피망 등의
채소를 넣으면 맛이 산뜻하고 깔끔해요.
대신 오래 끓이면 식감이 질겨지고 색이 탁해져
오래 익혀야 하는 채소들이 다 익은 뒤 마지막에 넣는 게 좋아요.

## Ready 3인분

**필수 재료**
붉은 고추 • 1개, 풋고추 • 1개,
파프리카 • 1개, 감자 • 1개, 당근 • ½개,
돼지고기(카레용) • 200g, 밥 • 3공기

**선택 재료**
통조림 옥수수 • ⅓컵, 달걀 • 3개

**양념**
카레가루 • ⅔봉지=80g

#01
고추는 1.5cm 폭으로 썰고, 파프리카, 감자, 당근은 사방 1.5cm 크기로 깍둑 썰고,

**이밥차의 세끼 레시피 체험기**
다양한 재료를 넣고 함께 익히는 요리를 할 때는 같은 크기로 썰어 손질하세요. 먹기도 편하고 보기에도 좋답니다.

#02
중간 불로 달군 팬에 식용유(2)를 두르고 돼지고기를 볶다가 겉면이 다 익으면 감자와 당근을 넣어 볶고,

#03
감자의 가장자리가 투명해지면 물(4컵)을 부어 채소가 다 익을 때까지 끓이다가 카레가루(⅔봉지)를 풀고,

#04
고추, 파프리카, 옥수수를 넣고 농도가 되직해질 때까지 조금 더 끓이고,

#05
팬에 식용유(2)를 둘러 달걀프라이를 하고,

#06
그릇에 밥과 카레를 담고 달걀프라이를 얹어 마무리.

16화

### 제빵왕의 마지막 홈베이킹
# 캄파뉴

삼시세끼팀이 직접 손 본 화덕은 옥순봉의 여름을 고소하게 채워 주었죠.
마지막까지 열심히 활약한 덕분에 거의 완벽에 가까운 캄파뉴를 맛볼 수 있었네요.
반죽에 꿀을 넣어 빵이 촉촉하고 구운 뒤에도 꿀 특유의 향이 남아 있어요.

## Ready 18cm 1개 분량

**필수 재료**
밀가루(강력분) • 4컵,
인스턴트 드라이이스트 • 0.5,
소금 • 0.3, 꿀 • 1.5, 물 • 1⅓컵,
다진 견과류 • ⅔컵

**선택 재료**
밀가루(덧가루용) • 적당량

#01

견과류를 제외한 모든 **필수 재료**를 한 덩어리로 뭉쳐 10분간 치댄 뒤 견과류를 넣어 조금 더 치대고,

#02

랩을 씌우고 구멍을 2~3개 뚫어 2배로 부풀 때까지 1차 발효를 하고,

#03

반죽을 손으로 가볍게 눌러 가스를 빼고 겉면이 매끈하도록 둥글린 뒤 2차 발효를 하고,

#04

반죽이 다시 2배로 부풀면 덧가루를 뿌린 뒤 칼집을 넣고,

의 세끼 레시피 체험기
덧가루를 뿌린 뒤 칼집을 넣으면 반죽이 들러붙거나 밀리지 않아요.

#05

220℃로 예열한 오븐에 반죽을 넣고 물을 담은 그릇을 같이 넣어 20분간 구워 마무리.

## 따끈따끈 추억이 담긴
# 감자크로켓

처음과 마지막 방송에 참여해준
수미상관 게스트가 선보인 수제 크로켓.
옥순봉산 감자와 옥수수가 들어갔는데요.
이밥차는 주변에서 쉽게 구할 수 있는 재료를 활용해
홈메이드 스타일로 만들어 봤어요.
크로켓에 들어가는 채소는 마른 팬에 볶아
수분을 날려야 튀기는 동안 물기가
생기지 않아요. 감자 대신 고구마나
단호박을 으깨 반죽을 만들어도 좋아요.

### Ready  7개 분량

**필수 재료**
감자 • 2개, 양파 • ¼개, 햄 • ½컵=70g,
옥수수 통조림 • 3, 밀가루 • ½컵,
달걀 • 1개, 빵가루 • 1컵

**양념**
마요네즈 • 3, 소금 • 0.1, 후춧가루 • 0.1

#01

감자는 잠길 만큼 물을 부어 젓가락이 부드럽게 들어갈 때까지 삶고,

#02

양파와 햄은 잘게 다지고,

**이밥차의 세끼 레시피 체험기**
햄 대신 다진 쇠고기를 넣어 만들어도 좋아요.

#03

중간 불로 달군 팬에 식용유(1)를 둘러 양파와 햄을 1분간 볶고,

**이밥차의 세끼 레시피 체험기**
속 재료는 볶아서 넣어야 잘 뭉쳐지고 반죽이 질어지지 않아요.

#04

삶은 감자는 껍질을 벗긴 뒤 으깨 볶은 재료와 **양념**을 섞고,

#05

원통형 모양으로 빚어 밀가루 → 달걀물 → 빵가루 순으로 묻히고,

**이밥차의 세끼 레시피 체험기**
빵가루를 묻힌 후 잠시 두어 촉촉해지면 튀겨요. 그래야 겉이 타지 않아요.

#06

180℃로 달군 식용유(3컵)에 겉이 노릇하도록 튀겨 마무리.

**이밥차의 세끼 레시피 체험기**
이미 다 익은 재료라 오래 익힐 필요 없어요. 노릇해지면 바로 건져요.

17화

### 열무김치보다 시원하고 상큼한
# 토마토김치

밥상에서 빼놓을 수 없는 김치.
가끔씩은 특별한 재료로 만들어 봐도 좋겠죠.
토마토를 무, 양파, 부추와 버무리니 보기만 해도 푸짐하네요.
너무 익은 토마토 대신 단단한 토마토가 만들기도 편하고 먹기에도 좋답니다.

## Ready 2인분

**필수 재료**
토마토 • 1개, 무 • ½토막=70g, 양파 • ½개,
영양부추 • ½줌

**양념**
고춧가루 • 2, 소금 • 0.1, 설탕 • 1,
멸치액젓 • 1.5, 참깨 • 1

#01

토마토는 6~8등분하고, 무와 양파는 곱게 채 썰고, 영양부추도 양파와 같은 길이로 썰고,

#02

무에 고춧가루(2)와 소금(0.1)을 넣어 버무린 뒤 나머지 **양념** 재료를 넣어 버무리고,

**이밥차의 세끼 레시피 체험기**
이밥차에서는 더 맛있어 보이도록 무에 고춧가루를 먼저 넣어 물을 들인 뒤 나머지 양념을 넣었어요.

#03

양파를 넣고 버무린 뒤 영양부추를 넣어 가볍게 한 번 더 버무리고,

**이밥차의 세끼 레시피 체험기**
방송처럼 무와 양파를 먼저 버무린 뒤 부추를 넣어야 부추의 숨이 죽지 않아요. 토마토김치는 차게 해서 금방 먹는 게 가장 맛있어요.

#04

토마토를 섞어 마무리.

17화

정선의 마지막 저녁 메뉴
# 돼지갈비

옥순봉에서의 마지막날! 호화로운 밥상이 차려졌어요.
주인공은 바로 돼지갈비.
지글지글 익는 소리만으로도 마음을 푸짐하게 채워 준답니다.

## Ready 4인분

**필수 재료**
대파 • 15cm,
돼지고기(목살) • 5쪽=500g

**양념장**
배 • ¼개 + 양파 • ¼개 + 간장 • 6 +
맛술 • 1 + 생강즙 • 0.3 + 다진 마늘 • 1 +
꿀 • 1 + 참기름 • 1 + 후춧가루 • 0.1

#01

배와 양파를 강판에 곱게 갈아 나머지 **양념장** 재료와 섞고,

#02

대파는 어슷 썰고, 돼지고기에 벌집 모양으로 칼집을 넣고,

#03

돼지고기에 양념장을 부어 냉장실에서 한나절 정도 재우고,

**이밥차의 세끼 레시피 체험기**
배와 양파를 갈아 넣어 맛이 부드럽고 오랜 시간 재워도 간이 짜지 않아요. 배와 양파 대신 키위나 사과, 파인애플, 대파 등을 넣어도 돼요. 특히 키위나 파인애플은 배보다 연육작용이 강해 고기를 오래 재워두지 않는 게 좋아요.

#04

센 불로 달군 팬에 돼지고기를 노릇하게 굽고,

#05

남은 양념장을 붓고 국물이 자작하게 조려지면 대파를 섞어 마무리.

**이밥차의 세끼 레시피 체험기**
양념장을 부어 국물이 자작해지면 방송처럼 불린 당면(1줌)을 넣어 함께 익혀 먹어도 좋아요.

## 고기요리에 빠질 수 없는
# 양파부추무침

고깃집에 가면 늘 나오는 양파부추무침을
두 가지 스타일로 만들어 봤어요.
신선하게 씹히는 맛을 좋아한다면
먹기 직전에 바로 무쳐 상에 올려요.
반대로 양파를 양념에 버무려 두었다가 먹기 전에
부추를 넣고 가볍게 한 번 더 버무려내면
살짝 숨이 죽어 먹기 편해요.

## Ready 4인분

**필수 재료**
양파 • 1개, 부추 • 1줌

**간장 양념장**
설탕 • 0.5 + 식초 • 0.7 + 간장 • 2 +
연겨자 • 0.1 + 연고추냉이 • 0.1 + 물 • 3

**고춧가루 양념장**
고춧가루 • 3 + 설탕 • 1 + 간장 • 2 +
식초 • 0.7 + 참기름 • 0.5 + 부순 참깨 • 0.2

#01

양파는 곱게 채 썰어 찬물에 10분간 담갔다 건지고,

**이밥차의 세끼 레시피 체험기**
양파의 알싸한 맛을 빼주는 과정을 추가했어요.

#02

부추는 양파와 같은 길이로 썰고,

#03

**간장 양념장**과 **고춧가루 양념장**을 만들고,

#04

양파와 부추는 섞어 두 개의 볼에 나눠 담고, 각각의 양념장을 넣고 버무려 마무리.

CHAPTER 3

누구나 탐내는 일상 특별식

어촌편

## 부추 한 단으로 뚝딱 만드는
# 부추전

만재도를 다시 찾은 삼시세끼팀, 뚝딱뚝딱 요리하는 솜씨는
한층 더 진화했네요. 첫날에는 들어가는 재료는 별거 없어도
쫀득쫀득 맛있는 부추전을 만들었어요.
이밥차의 비법을 담아 더욱 맛있어진 레시피를 소개합니다.
비결은 바로 반죽! 반죽을 충분히 저어야 더 쫀득하고 식어도 맛있어요.

## Ready 2인분

**필수 재료**
부추 • 1줌, 양파 • ¼개

**선택 재료**
당근 • ⅙개

**반죽 재료**
물 • 1컵, 소금 • 0.2, 밀가루(중력분) • 1컵

**초간장**
간장 • 1 + 식초 • 0.3 + 물 • 1

### #01

물(1컵)에 소금(0.2)을 녹인 뒤 밀가루(1컵)를 넣어 반죽하고,

**이밥차의 세끼 레시피 체험기**
5분 정도 충분히 저어야 반죽이 부드럽고 쫄깃해요.

### #02

부추는 먹기 좋은 길이로 썰고, 양파와 당근은 채 썰고,

### #03

반죽에 부추, 당근, 양파를 섞고,

**이밥차의 세끼 레시피 체험기**
채소를 넣은 후에는 가급적 젓지 않아야 채소의 숨이 죽지 않아요.

### #04

초간장을 만들고,

### #05

중간 불로 달군 팬에 식용유를 넉넉히 두르고 반죽을 얇고 넓게 펼쳐 노릇하게 부친 뒤 초간장을 곁들여 마무리.

**이밥차의 세끼 레시피 체험기**
식용유가 충분히 달궈진 후 반죽을 넣어요.

1화

고단백 영양반찬
# 메추리알장조림

메추리알, 꽈리고추, 마늘! 단 3가지 재료만으로 뚝딱 만들어 낸 반찬이에요.
폭풍우가 치는 만재도의 날씨에도 불구하고, 재빠른 솜씨로 맛있는 한 끼를 차렸죠.
꽈리고추에 이쑤시개로 구멍을 2~3개 정도 내면
양념이 속까지 골고루 배어들어 더욱 맛있답니다.

## Ready 6인분

**필수 재료**
꽈리고추 • 12개, 메추리알 • 2판=40개,
마늘 • 5쪽

**양념**
소금 • 1.5, 식초 • 1

**이밥차의 세끼 레시피 체험기**
메추리알 삶는 물에 소금과 식초를 함께 넣으면 흰자가 새어나오는 것을 막고 껍질도 까기 쉬워요.

**양념장**
설탕 • 1.5 + 간장 • ⅓컵

**이밥차의 세끼 레시피 체험기**
맛술(1)이나 청주(1)를 추가하면 더욱 깔끔해요.

#01

꽈리고추는 씻어 꼭지를 떼고,

#02

냄비에 메추리알을 넣고 잠길 정도의 물을 부은 뒤 소금(1.5)과 식초(1)를 넣어 물이 끓어오르면 8분간 더 삶고,

**이밥차의 세끼 레시피 체험기**
방송에서는 끓는 물에 메추리알을 넣었는데요. 차가운 메추리알이 끓는 물에 들어가면 껍질에 쉽게 금이 가요. 찬물에서부터 넣어 서서히 끓이다가 끓어오르면 중간 불에서 8~10분간 삶아야 알맞게 익는답니다.

#03

메추리알이 다 익으면 찬물에 넣어 재빨리 식혀 껍질을 벗기고,

#04

냄비에 물(1컵)과 **양념장**, 삶은 메추리알, 마늘을 넣어 중간 불로 조리고,

#05

마늘이 반쯤 익으면 꽈리고추를 넣고 양념장이 반으로 줄 때까지 조려 마무리.

**이밥차의 세끼 레시피 체험기**
방송에서는 메추리알과 마늘, 꽈리고추를 동시에 넣었죠. 그러나 같이 넣고 익히면 꽈리고추의 숨이 죽어 식감이 흐물흐물해져요. 양념장이 끓어오르고 국물이 살짝 졸았을 때 꽈리고추를 넣어야 더욱 아삭하게 즐길 수 있답니다.

1화

## 속까지 시원한
# 물회소면

만재도에서 만든 첫 번째 바다 음식은 바로 물회였어요.
갓 잡아 올린 우럭에 푸짐한 채소, 삶은 소면까지 곁들이고
차즘마표 새콤달콤한 소스까지 더하면 완성!
우럭의 양은 적었지만 든든함은 놓치지 않았답니다.
만재도팀은 맹물을 사용했지만 다시마물을 사용하면 감칠맛이 2배, 3배로 늘어나요.

### Ready 2인분

**필수 재료**
다시마 • 1장=5×5cm, 토마토 • 1개,
상추 • 8장, 당근 • ¼개,
흰살생선(횟감용) • 1줌=200g, 소면 • 2줌

**선택 재료**
붉은 고추 • 1개, 풋고추 • 1개, 얼음 • 적당량

**양념장**
설탕 • 2 + 고춧가루 • 4 + 식초 • 5 +
다진 마늘 • 1 + 고추장 • 3 + 맛소금 • 약간

의 세끼 레시피 체험기
참깨(0.3)와 참기름(0.5), 연겨자(0.5)를 넣으면
더욱 맛있는 양념장이 완성돼요.

#01

찬물(3컵)에 다시마를 담가 30분 정도
우려 다시마물을 만들고,

#02

**양념장**을 만들어 다시마물(3컵)과 섞고,

#03

토마토는 8등분하고, 상추는 돌돌 말아
굵게 채 썰고, 당근은 채 썰고, 고추는
어슷 썰고,

이밥차의 세끼 레시피 체험기
기호에 따라 양배추, 양파, 오이, 배 등을 채 썰어
넣어도 좋아요.

#04

흰살생선은 굵게 채 썰고,

#05

끓는 물(5컵)에 소면을 넣어 흰 심지가
보이지 않을 때까지 약 4분간 삶은 뒤
찬물에 헹궈 체에 밭쳐 물기를 빼고,

이밥차의 세끼 레시피 체험기
소면을 넣고 물이 끓어오를 때 찬물(1컵)을 2~3번
나눠 부으면 물이 넘치지 않고 면이 더 쫄깃해요.

#06

그릇에 소면을 담고 흰살생선과
채소를 돌려 담은 뒤 준비한 양념장을
붓고 얼음을 띄워 마무리.

이밥차의 세끼 레시피 체험기
얼음을 넣으면 녹으면서 국물이 싱거워지죠.
끝까지 진한 국물을 맛보고 싶다면 얼음 대신
국물을 1~2시간 전에 냉동실에 넣은 뒤 살얼음이
살짝 생겼을 때 꺼내 먹는 것이 물회의 정석!

## 순수 청년도 반한
# 맑은칼국수

요리한 사람도 먹는 사람도 폭풍 흡입한 만재도 칼국수.
직접 만든 쫄깃한 반죽에 애호박, 양파, 대파를 더해 개운한 국물맛이 일품이에요.
면은 삶기 전에 밀가루를 탈탈 털어내고 넣어야 국물이 탁해지지 않아요.

## Ready 2인분

**필수 재료**
애호박 • ⅓개, 양파 • ¼개, 감자 • ½개,
대파 • 7cm, 달걀 • 1개

**반죽 재료**
밀가루 • 2컵 + 물 • ⅔컵 + 소금 • 0.2

**육수 재료**
국물용 멸치 • 10마리, 다시마 • 1장=5×5cm,
양파 • ½개, 대파 • 10cm

**양념**
국간장 • 1.5

**양념장**
고춧가루 • 1 + 진간장 • 4 +
다진 마늘 • 0.5 +
다진 청양고추 • ½개 분량 + 참기름 • 0.7 +
참깨 • 0.2 + 후춧가루 • 약간

#01
볼에 **반죽 재료**를 섞어 한 덩어리로
뭉쳐 찰기가 생기도록 치댄 뒤
비닐팩에 담아 냉장실에 넣어
숙성시키고,

**이밥차의 세끼 레시피 체험기**
냉장실에 숙성시키면 면이 잘 끊어지지 않아요.
소금을 물에 먼저 넣으면 반죽에 고루 섞여요.

#02
냄비에 물(5컵)과 **육수 재료**를 넣어
중간 불에서 15분간 끓이고,

#03
애호박, 양파, 감자는 채 썰고, 대파는
어슷 썰고,

#04
숙성시킨 반죽은 밀대로 얇게 밀어
말아 접은 뒤 채 썰고,

**이밥차의 세끼 레시피 체험기**
덧가루를 뿌려주면 면이 들러붙지 않아요.

#05
육수의 건더기는 건지고 국간장(1.5)
으로 간을 맞춘 뒤 감자와 면을 넣어
5분간 삶고,

**이밥차의 세끼 레시피 체험기**
재료에 간이 밸 수 있도록 국간장으로 미리 간을
하면 좋아요.

#06
애호박, 양파, 대파를 넣고 끓어오르면
달걀을 푼 뒤 **양념장**을 곁들여 마무리.

만재도에 풍긴 구수한 냄새
# 우렁이시래기국

한입 맛보면 감탄이 나오는 영양 만점 시래기 된장국!
만재도엔 흔하지만 우리 주변에선 구하기 어려운 배말 대신 우렁이를 넣고 끓여 봤어요.
쫄깃쫄깃한 식감은 그대로네요. 구수한 된장에 부드러운 시래기를 넣고
고춧가루로 텁텁함을 깔끔하게 잡았어요.

## Ready 4인분

**필수 재료**
삶은 시래기 • 1½줌, 손질한 우렁이 • ⅔컵,
대파 • 10cm

**육수 재료**
국물용 멸치 • 15마리,
다시마 • 1장=10×10cm, 마른 고추 • 1개

**양념**
고춧가루 • 1, 된장 • 3

### #01

냄비에 물(5½컵)과 **육수 재료**를 넣어
중간 불에서 10분간 끓이고,

**이밥차의 세끼 레시피 체험기**
물이 끓어 오르면 다시마는 건져내야 국물이
텁텁하지 않아요.

### #02

시래기는 한입 크기로 썰어
고춧가루(1)와 된장(3)을 넣어
버무리고,

**이밥차의 세끼 레시피 체험기**
시래기를 미리 양념에 버무리면 간이 잘 배고
국물과 겉돌지 않아요.

### #03

육수에서 건더기는 건진 뒤
시래기를 넣어 끓이고,

### #04

시래기 줄기가 부드러워지면 우렁이를
넣어 2분간 더 끓이고,

### #05

어슷 썬 대파를 넣어 마무리.

**이밥차의 세끼 레시피 체험기**
방송에서는 시래기와 양념을 따로 넣었지만
손질한 시래기에 양념장을 버무려 두었다가
사용하면 시래기에도 간이 잘 배고 맛이 겉돌지
않아요.

## 어린이 입맛에 딱
# 생선크로켓

순식간에 만재도의 주방을 레스토랑으로 바꿔 놓은 고품격 메뉴예요.
생선의 양이 부족해서 감자를 넣은 게 신의 한 수였죠.
생선크로켓 스타일의 고소한 생선가스는 어린이 입맛을 가진 게스트의 마음을 단번에 사로잡았어요.
이밥차에서는 만재도에 없었던 달걀을 사용하고, 소스도 한층 업그레이드했어요.

## Ready 4인분

**필수 재료**
감자 · 2개, 양파 · ¼개, 대구포 · 7장,
밀가루 · 1컵, 달걀 · 1개, 빵가루 · 1½컵

**이밥차의 세끼 레시피 체험기**
대구포 대신 시중에서 판매하는 생선가스용 생선을
사용해도 좋아요. 가시가 남아 있을 수 있으니
확인하고 제거한 뒤 사용하세요.

**선택 재료**
통조림 옥수수 · ⅓컵, 당근 · ¼개

**양념**
소금 · 0.1

**소스**
케첩 · ⅓컵 + 물 · 5 + 다진 양파 · 3 +
굴소스 · 1.5 + 꿀 · 1 + 버터 · 2

#01

냄비에 감자를 넣고 잠길 정도로 물을
부어 삶은 뒤 껍질을 벗겨 으깨고,

**이밥차의 세끼 레시피 체험기**
젓가락이 부드럽게 들어갈 때까지 삶아요.
다 삶아진 감자는 재빨리 건져내 물기를 날려
식기 전에 으깨요.

#02

옥수수는 체에 밭쳐 물기를 빼고,
당근과 양파는 잘게 다지고, 대구포는
사방 2cm 길이로 깍둑 썰고,

**이밥차의 세끼 레시피 체험기**
모든 재료는 물기를 꼼꼼히 제거해요. 물기가
많으면 찐득거리고 부서지기 쉬워요. 너무
축축하면 밀가루를 약간 넣어요.

#03

볼에 손질한 재료를 담고 소금(0.1)
으로 간한 뒤 반죽해 원하는 크기로
모양을 빚고,

#04

밀가루 → 달걀물 → 빵가루 순으로
묻히고,

#05

170℃로 달군 식용유(3컵)에 노릇하게
튀겨 건지고,

**이밥차의 세끼 레시피 체험기**
나무젓가락을 담갔을 때 3~4초 뒤에 기포가
올라오면 적당한 온도예요.

#06

약한 불로 달군 팬에 **소스** 재료를 넣고
버터가 녹아 잘 섞일 때까지 끓인 뒤
생선크로켓에 곁들여 마무리.

### 경양식 스타일로 만든
# 감자샐러드

레스토랑 스타일의 생선가스에 감자샐러드를 빼놓으면 섭섭하죠.
방송에서는 감자샐러드를 어떻게 만드는지 소개하지 않아 아쉬웠다면
이밤차가 소개하는 부드러운 식감의 감자샐러드를 만들어 보세요.
으깬 감자에 옥수수 대신 다진 햄이나 양파, 당근, 브로콜리, 파프리카 등의 채소를 섞어도 좋아요.

**Ready** 2인분

**필수 재료**
감자 • 3개, 통조림 옥수수 • ⅔컵

**양념**
소금 • 0.2, 마요네즈 • 4,
후춧가루 • 약간, 파슬리가루 • 약간

#01

감자는 깨끗이 씻어 냄비에 담고
잠길 만큼 물을 부은 뒤 소금(0.1)을
넣어 중간 불에서 삶고,

#02

젓가락을 찔러 부드럽게 들어가면
감자를 건져 한 김 식힌 뒤 껍질을
벗겨 으깨고,

#03

으깬 감자에 옥수수와 소금(0.1),
마요네즈(4), 후춧가루를 섞은 뒤
파슬리가루를 뿌려 마무리.

3화

통통한 생선에 특급 양념장을 더한
# 가자미조림

만재도의 여름 바다는 초보 어부에게도 풍성한 수확을 선물했어요.
살이 통통하게 오른 우럭에 만재도의 특급 양념장을 더하니 숟가락을 부르는 특식이 만들어졌네요.
이밥차는 구하기 힘든 우럭 대신 가자미를 이용해 푸짐하게 만들었어요.
매운 고춧가루를 넣고 칼칼하게 끓여 볼까요?

## Ready 2인분

**필수 재료**
무 · ⅔토막, 양파 · ½개,
대파 · 10cm, 가자미 · 1마리

**선택 재료**
청양고추 · 1개, 붉은 고추 · 1개

**양념장**
고춧가루 · 3.5 + 설탕 · 1 + 간장 · 3 +
청주 · 1 + 다진 마늘 · 1 + 다진 생강 · 0.5

**이밥차의 세끼 레시피 체험기**
만재도의 비법소스에 청주와 마늘, 생강을 추가했어요. 추가로 넣은 재료는 모두 생선의 비린내를 잡아주는 역할을 해요.

#01

양념장을 만들고,

**이밥차의 세끼 레시피 체험기**
고춧가루를 많이 넣는 양념장은 미리 만들어 두어야 고춧가루가 불어 끓일 때 잘 풀어지고 맛도 좋아요.

#02

무는 큼직하게 썰고, 양파는 4등분 하고, 대파와 고추는 어슷 썰고,

#03

가자미는 머리, 꼬리, 지느러미, 비늘, 내장을 제거한 뒤 깨끗이 씻어 2등분 하고,

**이밥차의 세끼 레시피 체험기**
비싼 우럭 대신 통통한 가자미를 사용했어요. 취향에 따라 갈치, 삼치, 고등어 등 다양한 생선을 이용해도 좋아요. 삼시세끼 식구들은 생선을 자르지 않고 통째로 사용했는데, 이럴 경우 두꺼운 몸통이 가장 늦게 익고 맛도 덜 밸 수 있으니 토막 내는 게 좋아요.

#04

냄비에 무를 깔고 잠길 만큼 물을 부어 중간 불에서 끓이고,

#05

무의 가장자리가 투명해지면 가자미와 양파, 청양고추, 양념장을 넣고,

**이밥차의 세끼 레시피 체험기**
양념장의 절반은 생선에 얹고 절반은 물에 풀면 생선에 양념이 더 빨리 배요.

#06

숟가락으로 양념장을 끼얹어가며 가자미에 양념이 밸 때까지 조린 뒤 대파와 붉은 고추를 얹어 마무리.

### 시원하게 원샷!
# 김치콩나물국

잘 익은 김치와 새우젓만 있으면 시원하다는 소리가 절로 나오는 김치콩나물국을 끓일 수 있어요.
끓이기도 쉽고, 개운한 국물 맛도 일품이라 해장국으로도 제격이랍니다.
김칫국물까지 넣으면 맛이 더 시원하고 진해지는데, 이때는 새우젓의 양을 줄여 넣으세요.
또 콩나물은 오래 익히면 흐물흐물해지니 마지막에 넣어요!

## Ready 2인분

**필수 재료**
김치 • 1½컵, 콩나물 • 1줌

**육수 재료**
다시마 • 1장=5×5cm, 국물용 멸치 • 10마리

**양념**
새우젓 • 0.7

#01

물(3⅓컵)에 **육수 재료**를 넣어 10분간 중간 불에서 끓이고,

**이밥차의 세끼 레시피 체험기**
물이 끓어오르면 다시마는 건져요. 국물이 깔끔해지는 비법이에요.

#02

김치를 한입 크기로 썰고 콩나물은 깨끗하게 손질하고,

**이밥차의 세끼 레시피 체험기**
김치는 묵은지를 써야 더 깊은 맛이 난답니다. 콩나물은 지저분한 부분과 머리의 껍질 정도만 정리해야 영양을 그대로 섭취할 수 있어요.

#03

육수의 건더기를 건진 뒤 김치를 넣어 끓이고,

#04

김치가 부드럽게 익으면 콩나물과 새우젓(0.7)을 넣고 4분간 더 끓여 마무리.

4화

## 주전부리로도 좋아요
# 다시마튀각

만재도 바닷가에는 다시마가 지천에 널려 있죠.
주로 육수를 내는 데 사용하던 삼시세끼팀이 이번에는 별미 반찬
다시마튀각을 만들었어요. 달콤하고 짭조름한 맛이 매력적이라 반찬은 물론
술안주로도 손색이 없어요. 넉넉하게 만들어도 금세 먹어 버릴 거예요.

## Ready 2인분

**필수 재료**
다시마 • 2장=16×18cm

**양념**
설탕 • 1.5, 참깨 • 1

#01

다시마의 표면을 젖은 행주나 키친타월로 닦은 뒤 4×6cm 크기로 자르고,

**이밥차의 세끼 레시피 체험기**
다시마 표면의 염분기를 닦아 짠맛을 빼고 요리해요. 다만 물에 헹구면 영양분이 씻겨나갈 뿐 아니라 물기 때문에 튀길 때 기름이 튀어 위험할 수 있으니 젖은 키친타월로 닦아내세요.

#02

팬에 식용유를 넉넉히 붓고 중간 불로 달궈 다시마를 튀긴 뒤 키친타월에 꺼내 기름기를 제거하고,

**이밥차의 세끼 레시피 체험기**
다시마를 오래 튀기면 질겨지고 쓴맛이 나요. 방송처럼 적은 양의 기름에 튀기는 것보다 넉넉한 기름에 조금씩 넣어 빠르게 튀겨내는 게 좋아요. 기름은 180℃ 정도가 튀기기 적당한 온도인데 달군 기름에 다시마를 한 조각 넣거나 나무젓가락을 담가 보면 알 수 있어요. 1~2초 사이에 다시마의 색이 노르스름하게 변하며 부풀어 오르고, 나무젓가락 주변에 기포가 모여들면 적당한 온도예요. 다시마 크기에 따라 튀기는 시간을 조절하세요.

#03

식기 전에 설탕(1.5)과 참깨(1)를 뿌리고 가볍게 버무려 마무리.

## 한여름의 밥도둑
# 오이무침

만재도 식구들의 입맛을 상큼하게 깨운 오이무침!
이밥차에서는 고춧가루로 먼저 버무려 맛있는 색감을 살리고
고소한 깨와 참기름을 더했어요. 오래 두면 물이 생기니
휙휙 버무려서 바로 맛보세요!

## Ready 2인분

**필수 재료**
오이 • 1개, 대파 • 10cm, 양파 • ¼개

**선택 재료**
붉은 고추 • 1개

**양념**
고춧가루 • 1.5, 설탕 • 0.7, 식초 • 1,
간장 • 0.7, 고추장 • 1, 참기름 • 0.5,
부순 참깨 • 0.2

**이밥차의 세끼 레시피 체험기**
이밥차는 부순 참깨와 참기름을 추가했어요.
고소함이 더해져 더욱 맛있어요.

#01
길게 반 가른 오이와 대파, 고추는
어슷 썰고, 양파는 얇게 채 썰고.

**이밥차의 세끼 레시피 체험기**
버무려서 바로 먹는 무침이라 재료를 두껍게 썰면
싱거워요.

#02
볼에 오이와 양파를 담고
고춧가루(1.5)를 넣어 버무리고,

**이밥차의 세끼 레시피 체험기**
재료에 고춧가루를 먼저 버무린 뒤 나머지 양념을
넣어야 재료에 색이 잘 들어요.

#03
나머지 양념과 대파와 고추를 넣고
버무려 마무리.

**이밥차의 세끼 레시피 체험기**
버무려서 바로 먹으면 짠맛이 강할 수도 있지만
잠시 두면 간이 배어 맛있어져요. 너무 오래 두면
오이와 양파에서 물이 나와 싱거워지죠.

부시리 대신 참치로 한상차림
# 참치초무침

만재도 여름 바다의 풍성함에 또 한 번 감탄한 하루.
삼시세끼팀은 직접 잡은 부시리로 거짓말같이 맛있는 한 상을 즐겼어요.
낚시의 손맛을 즐기기 어려운 도시에서는 사시사철 구할 수 있는 참치나 연어를 사용해보세요.
회 한 가지만으로도 풍성한 밥상을 뚝딱 차릴 수 있답니다.

## Ready 2인분

**필수 재료**
냉동 참치 • 300g, 양파 • ½개,
오이 • ½개, 깻잎 • 5장, 상추 • 4장

**양념장**
설탕 • 2 + 고춧가루 • 0.5 + 식초 • 3 +
다진 마늘 • 0.3 + 고추장 • 4 +
참기름 • 1.5 + 참깨 • 0.5

#01

냉동 참치는 해동하여 한입 크기로 썰고,

**이밥차의 세끼 레시피 체험기**
참치의 맛을 제대로 즐기려면 해동이 핵심이에요.
포장지에 표기되어 있는 해동 방법을 꼭
참고하세요.

#02

**양념장**을 만들고,

#03

양파와 오이는 채 썰고, 깻잎과 상추는
한입 크기로 썰고,

#04

먹기 직전에 참치회와 채소를 양념장에
버무려 마무리.

## 푸짐한 건더기가 일품
# 우렁된장찌개

만재도를 처음 방문하는 손님에게 맛있는 한 끼를 차려주고 싶은 차줌마는
큼지막하게 썬 재료를 아낌없이 넣어 된장찌개를 끓였죠.
바다향기 가득한 만재도 특산 된장찌개. 이밥차는 거북손 대신 우렁이를 넣어 끓였어요.
쫄깃쫄깃한 건더기가 역시 일품이네요.

## Ready 2인분

**필수 재료**
냉동 우렁살 • 1컵, 밀가루 • 3, 청주 • 2,
감자 • 1개, 양파 • ½개, 애호박 • ⅓개,
청양고추 • 1개, 붉은 고추 • 1개

**선택 재료**
느타리버섯 • 1줌

**육수 재료**
국물용 멸치 • 10마리, 다시마 • 1장=5×5cm

**양념**
고춧가루 • 1, 다진 마늘 • 1, 된장 • 2,
고추장 • 0.5

#01

냄비에 물(4컵)과 **육수 재료**를 넣고
중간 불에서 끓어오르면 중약 불로
줄여 10분간 끓인 뒤 체에 거르고.

**이밥차의 세끼 레시피 체험기**
차줌마는 된장과 육수 재료를 함께 넣고 끓였죠.
재래된장의 경우 오래 끓일수록 깊은 맛이
우러나기 때문이랍니다. 시판 된장을 사용할 경우
된장을 나중에 넣고 짧게 끓여야 텁텁하지 않고
맛있어요.

#02

우렁이는 밀가루(3)와 물(3)을 넣고
주물러 씻은 뒤 끓는 물에 청주(2)와
함께 넣어 15초 정도 데치고.

**이밥차의 세끼 레시피 체험기**
우렁이의 잡내를 없애는 과정이에요. 우렁이에는
특유의 냄새가 있어 밀가루를 넣고 바락바락
문질러서 헹궈야 해요. 청주를 넣은 끓는 물에
데치면 깔끔한 맛의 국물을 맛볼 수 있어요.

#03

감자와 양파는 한입 크기로 썰고,
애호박은 반달 모양으로 썰고,
고추는 송송 썰고 느타리버섯은 먹기
좋게 찢고.

#04

육수에 감자를 넣어 끓이다가 가장자리가
투명해지면 **양념**을 덩어리 없이 푼 뒤
양파와 애호박, 우렁이를 넣어
중간 불에서 3분 정도 끓이고.

**이밥차의 세끼 레시피 체험기**
재료는 단단한 순서대로 넣어야 고루 익어요.
양념은 체에 풀어 내리면 좋아요.

#05

고추와 느타리버섯을 넣고 가볍게 끓여
마무리.

6화

쫄깃 탱탱 당면은 누구나 좋아해
# 고추장당면찌개

배는 고픈데 남은 밥과 반찬은 많지 않은 위기의 상황!
삼시세끼 팀은 당면을 넣어 건더기가 푸짐한 고추장찌개를 끓이는
멋진 아이디어를 보여줬어요. 여러 반찬 만들기 번거로운 아침에 꼭 따라 해보세요.
고추장의 양을 살짝 줄이고 된장을 조금 넣으면 구수한 맛이 더해져요.

## Ready 2인분

**필수 재료**
당면 • 1줌, 감자 • 1개, 양파 • 1/3개,
애호박 • 1/3개, 대파 • 10cm, 청양고추 • 1개

**양념**
고춧가루 • 1, 설탕 • 0.3,
다진 마늘 • 0.5, 고추장 • 2.5

#01

당면은 찬물에 20분간 담가 불리고,

#02
감자와 양파, 애호박은 한입 크기로 납작 썰고, 대파와 청양고추는 어슷 썰고,

#03

물(4컵)에 **양념**을 넣어 중간 불에서 끓이고,

#04

끓는 국물에 감자를 먼저 넣어 감자의 가장자리가 투명하게 익으면 나머지 채소를 넣고 끓이다 불린 당면을 넣고, 당면이 투명해질 때까지 끓여 마무리.

**이밥차의 세끼 레시피 체험기**
부족한 간은 소금이나 국간장으로 맞춰요. 국물요리에 당면을 넣을 때는 당면을 불려서 넣어도 국물을 흡수해 간이 짜지고, 국물의 양도 많이 줄어들어요. 물의 양을 일반적인 찌개의 양보다 넉넉히 잡는 게 좋아요.

# 집에 있는 재료로 뚝딱!
## 김치수제비

수제비는 따로 장을 보지 않고 냉장고에 있는 기본 채소만으로 맛있게 만들 수 있는 메뉴죠.
삼시세끼팁처럼 잘 익은 김치를 넣어 얼큰하고 깔끔하게 끓여 보세요.
보글보글 끓는 국물 냄새만 맡아도 군침이 고일 거예요!

## Ready 4인분

**필수 재료**
감자 • 1개, 양파 • ⅓개, 애호박 • ¼개,
대파 • 10cm, 청양고추 • 1개, 김치 • 1컵,
김칫국물 • 1컵

**육수 재료**
국물용 멸치 • 10마리,
다시마 • 1장=10×10cm

**반죽 재료**
물 • ⅔컵 + 밀가루 • 2컵 + 소금 • 0.2 +
식용유 • 3

**이밥차의 세끼 레시피 체험기**
반죽에 소금과 식용유를 넣으면 간도 맞고 반죽이
차지게 돼 맛있어요.

#01

**반죽 재료**를 한 덩어리로 뭉쳐 치댄 뒤
비닐팩에 넣어 숙성시키고,

#02

물(5컵)에 내장을 제거한 멸치와
다시마를 넣어 중간 불에서 끓어오르면
다시마를 건져 10분 더 끓이고,

**이밥차의 세끼 레시피 체험기**
방송처럼 말린 표고버섯이나 목이버섯을 넣어
국물을 진하게 우려도 좋아요.

#03

감자와 양파, 애호박은 한입 크기로
납작 썰고, 대파와 청양고추는 어슷 썰고,

#04

김치는 한입 크기로 썰고,

#05

끓는 육수에 감자와 김치, 김칫국물을
넣어 감자의 가장자리가 투명하게
익으면 반죽을 손으로 늘려가며 떼 넣고,

**이밥차의 세끼 레시피 체험기**
오래 익혀야 하는 감자 먼저 넣는 게 좋아요.
중간에 한 번씩 저어가며 끓여야 수제비가 서로
들러붙지 않아요.

#06

나머지 채소를 모두 넣고 수제비가
다 익어 떠오를 때까지 끓여 마무리.

**이밥차의 세끼 레시피 체험기**
시중에서 판매하는 김치는 간이 조금 약할 수
있어요. 부족한 간은 소금이나 국간장으로 맞춰요.

7화

### 고소하고 담백한 맛
# 달걀감자국

맑은 국을 끓일 때 육수로 깊은 맛을 내는 게 맛의 포인트죠.
요리 솜씨 좋은 만재도 식구들은 다시마육수를 내서 국을 끓이는 센스를 발휘했어요.
여기에 감자를 큼지막하게 썰어 넣어 포실포실한 식감을 살렸답니다.
간장달걀밥과 같은 한 그릇 요리와 먹어도 맛있고,
매운 음식에 곁들여도 찰떡궁합이에요.

## Ready 2인분

**필수 재료**
감자 • 1개, 양파 • ⅓개, 대파 • 10cm,
다시마 • 1장=10×10cm, 달걀 • 1개

**양념**
소금 • 0.2

#01
감자와 양파는 한입 크기로 깍둑 썰고,
대파는 어슷 썰고,

#02
물(3½컵)에 감자와 다시마를 넣어
중간 불에서 끓이고,

**이밥차의 세끼 레시피 체험기**
육수를 끓일 때 다시마를 넣고 오래 끓이면 국물이
텁텁하고 탁해져요. 물이 끓어오르면 바로 건져
주세요. 다시마의 맛 성분은 물에 잘 녹아나와
물에 담가 두거나 잠시만 끓여도 충분해요.

#03
물이 끓어오르면 다시마는 건지고
양파를 넣어 감자가 다 익을 때까지
끓이고,

#04
소금(0.2)으로 간을 맞춘 뒤 달걀을
풀어 국물에 붓고 대파를 올려 마무리.

**이밥차의 세끼 레시피 체험기**
달걀을 넣고 오래 끓이면 식감이 단단해져 오래
끓이지 않는 게 좋아요.

## 화르륵! 불맛 제대로
# 오삼불고기

만재도 스타일의 오삼불고기를 만들고 싶다면 재료 넣는 순서를 지켜 센 불에 볶아 주세요.
우선 파기름에 고기를 볶으면 잡내가 사라지고요.
몸통에 잘게 칼집 낸 오징어와 양념장을 휘리릭 볶으면 양념맛이 쏙 밴 감칠맛 나는 오삼불고기 완성!

## Ready 2인분

**필수 재료**
양파 • ½개, 양배추 • 3장=100g,
깻잎 • 4장, 대파 • 10cm, 삼겹살 • 250g,
오징어(몸통) • 1마리 분량

**양념장**
설탕 • 2 + 고춧가루 • 3 + 후춧가루 • 0.1 +
간장 • 1.5 + 다진 마늘 • 1.5 +
고추장 • 2 + 매실액 • 0.5

**양념**
참기름 • 1

#01

양념장을 만들고,

이밥차의 세끼 레시피 체험기
양념장을 미리 섞어야 고춧가루가 불어 맛도 좋아요.

#02

양파, 양배추, 깻잎은 굵게 채 썰고,
대파는 어슷 썰고,

#03

삼겹살은 한입 크기로 썰고, 오징어는
내장과 입, 눈을 제거해 칼집을 잘게
넣어 먹기 좋은 크기로 썰고,

이밥차의 세끼 레시피 체험기
파채칼을 사용하면 쉽게 칼집을 낼 수 있어요.

#04

중간 불로 달군 팬에 식용유(2)를 둘러
대파를 볶다가 향이 올라오면
삼겹살을 볶고,

이밥차의 세끼 레시피 체험기
삼시세끼에서는 파기름을 내 잡내를 잡고 향을 더했어요. 방송에서는 파기름을 내기 위해 파의 잎을 사용했지만 원래는 향이 진한 흰 대 부분을 사용하는 게 좋아요. 파의 잎은 타기 쉽고 흰 대부분에 비해 향이 약해요.

#05

삼겹살의 겉면이 익으면 센 불로 올려
손질한 오징어와 양념장을 넣어
30초간 볶고,

#06

양파와 양배추를 넣어 숨이 죽을 때까지
볶아 불을 끈 뒤 참기름(1)을 두르고
깻잎을 얹어 마무리.

7화

칼칼하니 시원한
## 우럭매운탕

은근히 맛내기 어려운 매운탕도 만재도식으로 하면 실패하지 않는답니다.
시원한 국물맛을 책임지는 것은 바로 싱싱한 우럭과 된장!
뼈가 쏙 발릴 정도로 싱싱하고 부드러운 우럭은 내장까지 함께 끓여야 맛이 좋아요.
된장과 무를 넣으면 국물이 한결 시원해져요.

## Ready 4인분

**필수 재료**
양파 • ½개, 깻잎 • 3장, 무 • 1토막=150g,
쑥갓 • ½줌, 대파 • 15cm, 우럭 • 1마리

**선택 재료**
양배추 • 4장=100g, 감자 • 1개,
붉은 고추 • 1개

**양념**
고춧가루 • 2, 고추장 • 1, 된장 • 0.5,
다진 마늘 • 1.5, 다진 생강 • 0.5, 소금 • 0.3

#01

양파와 양배추, 깻잎은 굵게 채 썰고, 무와 감자는 한입 크기로 납작 썰고,

#02

쑥갓은 5cm 길이로 썰고, 고추와 대파는 어슷 썰고,

#03

우럭은 비늘을 긁은 뒤 지느러미와 꼬리, 쓸개를 정리하고 몸통에 칼집을 넣고,

**이밥차의 세끼 레시피 체험기**
우럭을 손질할 땐 칼을 세워 꼬리에서 머리쪽으로 긁어 비늘을 제거해요. 칼집을 낸 뒤에는 물에 헹구지 않고 바로 요리해야 맛이 좋아요. 신선한 우럭이라면 쓴맛이 나는 쓸개만 떼어내고 내장도 함께 끓이세요.

#04

냄비에 물(3컵)을 붓고 고춧가루(2), 고추장(1), 된장(0.5)을 푼 뒤 무와 감자를 넣어 가장자리가 투명해질 때까지 중간 불로 끓이고,

#05

우럭과 양파, 양배추를 넣어 우럭이 익을 때까지 15분 정도 끓이고,

#06

다진 마늘(1.5), 다진 생강(0.5)을 넣은 뒤 소금(0.3)으로 간하고,

#07

깻잎과 고추, 대파, 쑥갓을 넣어 마무리.

# 드디어 잡았다!
## 문어숙회

모두가 기다리던 만재도 삼대장 문어를 드디어 잡은 삼시세끼 팀.
고대하던 식재료인 만큼 요리도 소홀히 하지 않았어요.
쫄깃하면서도 부드러운 문어의 식감은 물론 감칠맛까지 잡아내는
놀라운 요리 솜씨! 그 비법이 궁금했다면 이밥차가 친절하게 정리한 레시피를 확인해 보세요.

## Ready 6인분

**필수 재료**
문어 • 1마리=800g, 밀가루 • 3,
굵은 소금 • 1, 식초 • 2, 설탕 • 1

**초고추장**
식초 • 1.5 + 다진 마늘 • 0.5 +
고추장 • 3 + 참기름 • 0.5 + 참깨 • 0.2

**기름장**
소금 • 0.2 + 참기름 • 2

#01

문어는 머리를 뒤집어 내장을 가위로 제거하고, 다리 안쪽에 있는 눈도 제거하고,

#02

밀가루(3)를 넣고 주물러 헹군 뒤 굵은 소금(1)을 넣어 한 번 더 헹구고,

**이밥차의 세끼 레시피 체험기**
문어에 밀가루를 넣고 주무르면 빨판 사이의 뻘이 흡착되어 깔끔하게 제거되고 잡내가 줄어요. 밀가루가 어두운 색이 될 때까지 주무른 뒤 헹구고 굵은 소금까지 넣어 문지르면 끈적끈적한 것이 제거돼요.

#03

**초고추장**과 **기름장**을 만들고,

#04

물이 끓어오르면 문어와 식초(2), 설탕(1)을 넣어 5분간 중간 불로 삶고,

**이밥차의 세끼 레시피 체험기**
식초와 설탕을 넣어 쫄깃하면서 부드러운 식감을 살려요.

#05

삶은 문어는 찬물에 헹군 뒤 얼음물에 담가 식히고,

**이밥차의 세끼 레시피 체험기**
바로 얼음물에 담가 식혀야 식감이 쫄깃해져요.

#06

문어를 어슷하게 납작 썰어 접시에 담고 양념장을 곁들여 마무리.

## 문어로 한상 차림
# 문어초회

방송에서는 조미간장을 만들기 위해 많은 양의 육수를 냈지만
이밥차가 남는 양 없이 만들 수 있는 방법을 소개해 드릴게요.
전자레인지로 우려낸 다시마물에 가쓰오부시로
맛을 낸 뒤 양념을 더하면 간편하게 만들 수 있어요.
문어 한 마리를 삶아 양념장만 달리해 숙회와 초회, 두 가지 요리로 즐겨 보세요.

## Ready 2인분

**필수 재료**
오이 · ½개, 양파 · ¼개, 불린 미역 · ⅔컵,
자숙문어 · 300g

**이밥차의 세끼 레시피 체험기**
문어 삶는 법은 앞 페이지의 '문어숙회' 레시피에 있어요.

**육수 재료**
다시마 · 1장=5×5cm, 가쓰오부시 · ½줌

**조미간장**
설탕 · 1 + 간장 · 2 + 식초 · 2 +
다진 마늘 · 0.2

### #01

물(⅔컵)에 다시마를 넣어 전자레인지에 1분 30초간 돌린 뒤 다시마는 건지고 가쓰오부시를 넣어 우리고,

**이밥차의 세끼 레시피 체험기**
소량의 육수를 만들 때에는 전자레인지를 사용하면 간편해요. 방송처럼 넉넉한 양의 육수를 만들 때는 끓는 물에 다시마, 국물용 멸치, 양파, 대파, 표고버섯을 넣어 진하게 우려낸 뒤 불을 끄고 가쓰오부시를 넣어 뚜껑을 덮고 5분 정도 우린 뒤 체에 걸러요. 가쓰오부시는 불을 끈 뒤 넣어야 쓴맛이 나지 않아요.

### #02

육수(½컵)는 체에 걸러 **조미간장** 재료를 섞고,

### #03

오이는 길게 반을 갈라 어슷 썰고, 양파는 얇게 채 썰고, 불린 미역은 한입 크기로 썰고,

### #04

자숙문어를 어슷하게 납작 썬 뒤 접시에 모든 재료를 담고 조미간장을 부어 마무리.

8화

### 바다 채소 미역의 새콤한 반전
# 미역초무침

만재도 마지막 손님의 침샘을 자극시킨 요 반찬!
새콤매콤한 양념장에 미역과 양파를 넣어 조물조물 무쳐냈어요.
입맛 없는 날, 밥에 슥슥 비벼 비빔밥으로 즐겨도 꿀맛이에요!

## Ready 2인분

**필수 재료**
불린 미역 • 1줌, 양파 • ¼개

**양념장**
설탕 • 1 + 고춧가루 • 0.5 + 식초 • 1 +
다진 마늘 • 0.3 + 고추장 • 1.5 + 참깨 • 0.3

#01

불린 미역은 찬물에 헹구고,

**이밥차의 세끼 레시피 체험기**
마른 미역은 찬물에 20분 정도 담그면 7배로
불어요. 마른 미역 10g을 불리면 1줌이 돼요.

#02

**양념장**을 만들고,

#03

가볍게 물기를 짠 미역은 한입 크기로
썰고, 양파는 얇게 채 썰어 반으로 자르고,

**이밥차의 세끼 레시피 체험기**
미역 속 수분에 따라 양념장의 농도가 달라져요.
촉촉한 무침을 원한다면 미역의 물기를 적당히
제거하여 버무려주세요.

#04

미역과 양파에 양념장을 고루 버무려
마무리.

## 중화요리 부럽지 않은
# 숙주볶음밥

그냥 먹어도 맛있는 볶음밥에 아삭한 숙주로 씹는 맛을 더했어요.
파와 마늘을 달달 볶아 향긋한 풍미를 살리고 굴소스와 소금으로 간을 맞춰
맛깔나게 볶았답니다. 숙주는 마지막에 넣어 재빨리 볶아내야 숨이 죽지 않아요.

## Ready 2인분

**필수 재료**
숙주 • 1줌=120g, 대파 • 15cm,
마늘 • 4개, 밥 • 2공기

**선택 재료**
베이컨 • 3줄, 김가루 • 적당량

**이밥차의 세끼 레시피 체험기**
베이컨으로 짭조름한 풍미를 더했어요.
취향에 따라 다른 재료를 넣어도 돼요.

**양념**
고추기름 • 1.5, 굴소스 • 0.7,
소금 • 0.1

#01

숙주는 다듬고,

**이밥차의 세끼 레시피 체험기**
숙주는 깨끗이 씻어 무른 부분과 시든 꼬리만
다듬으면 OK! 굳이 머리와 꼬리까지 모두 떼지
않아도 괜찮아요.

#02

대파는 송송 썰고, 마늘은 납작 썰고,
베이컨은 작게 썰고,

#03

중간 불로 달군 팬에 고추기름(1.5)을
두르고 대파, 마늘, 베이컨을 넣어
노릇하게 볶고,

#04

센 불로 올려 밥을 넣고 3분간 볶다가
굴소스(0.7), 소금(0.1)를 넣어 간하고,

#05

숙주를 넣은 뒤 20초간 재빨리 볶아
김가루를 뿌려 마무리.

**이밥차의 세끼 레시피 체험기**
숙주를 밥과 같이 볶을 때에는 숨이 죽지 않도록
재빨리 볶아내야 해요. 방송처럼 오래 볶으면
숙주에서 물이 생겨 볶음밥이 질어지고 숙주가
질겨져요.

제철 홍합으로 밥상 차리기
# 홍합탕

갖은 노력 끝에 드디어 만재도산 문어를 만난 삼시세끼팀은
푸짐한 밥상으로 기쁨을 나누었어요. 제철 맞은 통통한 홍합으로 끓인
시원한 홍합탕이 밥상을 더욱 알차게 만들어 주었답니다.
이밥차와 함께 풍미 가득한 한 그릇을 만들어 보세요.

## Ready 2인분

**필수 재료**
대파 • 15cm, 홍합 • 400g,
다시마 • 1장=10×10cm

**양념**
소금 • 약간, 다진 마늘 • 0.5

#01

대파는 어슷 썰고,

#02

홍합은 깨끗이 씻은 뒤 껍질 사이사이에 있는 수염을 제거하고,

#03

냄비에 홍합이 잠길 만큼의 물과 홍합, 다시마를 넣어 중간 불에서 끓이고,

#04

물이 끓어오르면 다시마는 건지고 소금으로 간을 맞춰 홍합입이 벌어질 때까지 끓이고,

#05

떠오르는 거품은 걷어낸 뒤 다진 마늘 (0.5), 대파를 넣고 한 번 더 팔팔 끓여 마무리.

**이밥차의 세끼 레시피 체험기**
방송에서는 홍합의 살만 발라내서 끓였지만 껍데기까지 넣으면 더 시원하고 진한 맛의 국물을 맛볼 수 있어요.

### 뜨끈하게 한 그릇
# 해물뚝배기

채소와 해물을 뚝배기에 담아 바글바글 끓인 해물뚝배기!
속이 확 풀리는 칼칼한 국물맛이 일품이에요.
이밥차에서는 따로 장보지 않아도 될 정도로 간단한 재료로 만들어 봤어요.
삼시세끼팀처럼 문어를 넣어도 좋고, 새우나 오징어 등의 해산물을 넣고 끓여도 맛있어요.

## Ready 2인분

**필수 재료**
양파 • ½개, 애호박 • ¼개,
대파 • 15cm, 붉은 고추 • 1개, 풋고추 • 1개
마른 새우 • ⅓컵, 홍합살 • ½컵

**육수 재료**
국물용 멸치 • 10마리,
다시마 • 1장=5×5cm

**양념**
고춧가루 • 1, 된장 • 1, 새우젓 • 0.2

#01

뚝배기에 물(3컵)과 **육수 재료**를 넣어 끓어오르면 다시마를 건지고 10분간 더 끓이고,

#02

양파와 애호박은 한입 크기로 썰고, 대파와 고추는 어슷 썰고,

#03

육수의 건더기를 건진 뒤 **양념**을 넣어 중간 불에서 끓이고,

#04

끓어오르면 손질한 채소와 마른 새우, 홍합살을 넣어 채소가 익을 때까지 끓여 마무리.

**이밥차의 세끼 레시피 체험기**
만재도에서는 전날 먹고 남은 문어를 썰어 넣었지만 집에서는 구하기 쉬운 오징어나 새우살, 조개 등을 넣으면 좋아요.

9화

## 밥 없이 먹어도 맛있는
# 홍합튀김카레라이스

남김없이 그릇을 싹싹 비워내게 한 만재도표 카레라이스!
바삭하면서도 쫄깃한 홍합튀김을 카레라이스에 곁들이면 색다른 맛을 즐길 수 있어요.
홍합튀김을 만들 때, 반죽옷을 입힌 뒤 바로 튀기지 않고 잠시 두어 촉촉하게 만들어 주세요.
그래야 타지 않고 맛있게 튀겨진답니다.

### Ready 2인분

**필수 재료**
감자 • 1개, 양파 • ½개, 당근 • ¼개,
홍합 • 16개, 밀가루 • ½컵, 달걀 • 1개,
빵가루 • 1컵, 밥 • 2공기

**양념**
카레가루 • ⅔컵, 후춧가루 • 약간

#01

감자, 양파, 당근은 한입 크기로 깍둑 썰고,

#02

씻은 홍합은 끓는 물(4컵)에 넣어 입이 벌어질 때까지 끓여 한 김 식힌 뒤 살만 발라 수염을 제거하고,

#03

중간 불로 달군 팬에 식용유(2)를 둘러 감자와 당근을 넣어 가장자리가 투명해질 때까지 볶다가 양파도 넣어 볶고,

#04

물(2½컵)을 붓고 감자와 당근이 부드럽게 익으면 카레가루(⅔컵)를 넣어 걸쭉할 때까지 끓이고,

#05

홍합은 후춧가루로 간을 하고 밀가루 → 달걀물 → 빵가루 순으로 묻히고,

**이밥차의 세끼 레시피 체험기**
달걀에 소금(0.1)을 넣고 곱게 풀어 달걀물을 준비해요. 만재도의 홍합은 자연산이라 알이 굵지만 마트에서 파는 홍합은 그만큼 알이 굵지 않아요. 튀김을 만들 때 크기가 너무 작으면 2~3개씩 뭉친 뒤 튀김옷을 묻혀 튀겨내요.

#06

170℃로 달군 식용유(3컵)에 홍합을 노릇하게 튀기고,

**이밥차의 세끼 레시피 체험기**
달군 식용유에 젓가락을 넣어 3~4초 뒤 기포가 올라오면 적당한 온도예요. 반죽 옷을 입힌 뒤 바로 튀기지 않고 잠시 두어 촉촉해지면 튀겨요. 그래야 반죽옷이 쉽게 타지 않아요.

#07

그릇에 밥을 담고 홍합튀김과 카레를 얹어 마무리.

9화

## 마지막을 장식한 잔칫상
# 해산물뷔페

만재도에서 삼시세끼를 해 먹는 이야기가 드디어 끝을 맺는 날.
주어진 미션은 '해산물뷔페'였어요. 말도 되지 않는 주문 같았지만 결과는 마법처럼 성공!
바다에서 낚시하고, 얻은 재료를 총동원해
밥상을 차리는 참으로 삼시세끼다운 마무리를 보여 주었네요.
소박하지만 정성을 담으면 누구나 만들 수 있는 집밥 스타일의 뷔페를 함께 즐겨 보세요.

## 해산물뷔페 1
# 뭇국

### Ready 2인분

**필수 재료**
무 • 1토막=150g, 대파 • 15cm,
청양고추 • 1개, 홍합살 • 1컵

**선택 재료**
마른 새우 • ½컵, 다시마 • 1장=5×5cm

**양념**
멸치액젓 • 0.7

**이밥차의 세끼 레시피 체험기**
홍합이 들어가 시원한 맛의 뭇국에는
멸치액젓으로 간을 해야 맛이 더욱 풍부해져요.
없을 땐 소금(0.1)을 사용하세요. 방송에서는 모든
재료를 한꺼번에 넣어 푹 끓여냈는데요. 그러면
홍합살의 식감이 단단해져요. 홍합은 다른 재료의
맛이 우러나고 무가 거의 익었을 때 넣는 게 좋아요.

#01 무는 한입 크기로 납작 썰고, 대파는 어슷 썰고, 고추는 송송 썰고,

#02 냄비에 물(3½컵)과 무, 마른 새우, 다시마를 넣어 중간 불에서 끓어오르면 다시마를 건져 10분간 더 끓이고,

#03 홍합살과 멸치액젓(0.7)을 넣어 무가 투명하게 익을 때까지 끓이고,

#04 대파와 청양고추를 넣고 한 번 더 끓여 마무리.

9화

해산물뷔페 2
# 생선가스

## Ready 2인분

**필수 재료**
흰살생선 • 2토막=180g, 달걀 • 1개,
밀가루 • ⅔컵, 빵가루 • 1컵

**밑간**
소금 • 약간, 후춧가루 • 약간

**타르타르소스 재료**
달걀(소스용) • 1개, 다진 오이피클 • 2,
다진 양파 • 1, 레몬즙 • 0.7,
마요네즈 • 5, 허니머스터드 • 0.5,
후춧가루 • 약간

#01

손질된 흰살생선에 소금, 후춧가루를
고루 뿌려 **밑간**을 하고,

#02

냄비에 소스용 달걀과 잠길 만큼의
물을 부어 중간 불에서 15분간 삶아
찬물에 담가 식힌 뒤 껍질을 벗기고,

#03

달걀은 흰자와 노른자를 분리해
흰자는 잘게 다지고 노른자는 으깨
나머지 타르타르소스 재료와 고루 섞고,

**이밥차의 세끼 레시피 체험기**
생선가스만 먹기에는 아쉬워서 이밥차에서는
타르타르소스를 곁들였어요. 레몬즙은
과일식초로 대체하고 허니머스터드를 생략하거나
연와사비를 넣어도 잘 어울려요.

#04

달걀을 곱게 푼 뒤 밑간한 생선에
밀가루 → 달걀물 → 빵가루 순으로
묻히고,

**이밥차의 세끼 레시피 체험기**
마른 빵가루를 묻힌 뒤 잠시 두어 촉촉해지면
튀겨야 겉이 타지 않아요.

#05

170℃로 달군 식용유(3컵)에 생선을
노릇하게 튀겨 타르타르소스를 곁들여
마무리.

**이밥차의 세끼 레시피 체험기**
달군 식용유에 나무젓가락을 넣어 3~4초 뒤
기포가 올라오면 튀기기 적당한 온도예요.

9화

해산물뷔페 3
# 잡채

## Ready 2인분

**필수 재료**
마른 목이버섯 • ½컵, 자른 당면 • 1 ½줌,
시금치 • 1줌

**선택 재료**
당근 • ¼개, 양파 • ⅓개

**양념**
소금 • 0.1, 간장 • 3, 다진 마늘 • 0.5,
참기름 • 1, 참깨 • 0.3

#01

마른 목이버섯은 찬물에 담가 부드러워질 때까지 불리고,

**이밥차의 세끼 레시피 체험기**
삼시세끼처럼 불리는 시간을 단축하기 위해 따뜻한 물에 데쳐도 좋아요.

#02

끓는 물에 당면을 삶아 건지고,

#03

시금치는 깨끗이 헹군 뒤 뿌리를 제거해 소금(0.1)을 넣은 끓는 물에 10~15초간 데치고,

#04

데친 시금치는 건져 찬물에 헹군 뒤 물기를 꼭 짜 2~3등분하고, 당근과 양파는 채 썰고, 불린 목이버섯은 한입 크기로 썰고,

#05

중간 불로 달군 팬에 식용유(2)를 둘러 당근과 양파를 40초간 볶다가 나머지 재료와 간장(3), 다진 마늘(0.5), 참기름(1), 참깨(0.3)를 넣고 조금 더 볶아 마무리.

**이밥차의 세끼 레시피 체험기**
만재도 보다 부재료를 푸짐하게 넣어 고기 없이도 훌륭해요. 목이버섯을 넉넉히 넣어 쫄깃한 식감까지 더했어요.

해산물뷔페 4
# 홍합전

## Ready 2인분

**필수 재료**
청양고추 • 1개, 부침가루 • 1 ½컵,
홍합살 • 2컵

**이밥차의 세끼 레시피 체험기**
홍합은 깨끗이 헹궈 끓는 물에 삶아 입이 벌어지면
껍질을 벌려 살만 발라내 수염을 제거해요.

**선택 재료**
붉은 고추 • 1개

**양념장**
고춧가루 • 0.3 + 간장 • 3 + 다진 파 • 1 +
참기름 • 0.5 + 참깨 • 0.2

#01

고추는 송송 썰고,

#02

부침가루에 물(1컵)을 부어 반죽하고,

**이밥차의 세끼 레시피 체험기**
방송에서는 밀가루만 넣어 반죽을 했어요.
밀가루로 반죽할 때는 소금을 약간 넣어요.
부침가루에는 이미 간이 되어 있어 따로 간을
하지 않아도 돼요.

#03

고추와 홍합살을 넣어 가볍게 섞고,

#04

**양념장**을 만들고,

#05

중간 불로 달군 팬에 식용유를 넉넉히
두르고 반죽을 올려 앞뒤로 노릇하게
구워 그릇에 담고 양념장을 곁들여
마무리.

# INDEX

### ㄱ

| | |
|---|---|
| 70 | 가래떡구이와 벌꿀레모네이드 |
| 186 | 가자미조림 |
| 162 | 감자크로켓 |
| 104 | 감자볶음밥 |
| 184 | 감자샐러드 |
| 92 | 감자옹심이 |
| 34 | 감자전 |
| 120 | 감자탕 |
| 40 | 강된장쌈밥 |
| 198 | 고추장당면찌개 |
| 152 | 김치두루치기 |
| 200 | 김치수제비 |
| 150 | 김치찌개 |
| 188 | 김치콩나물국 |
| 86 | 깻잎지 |
| 36 | 꽁치감자고추장찌개 |
| 60 | 꽈리고추멸치볶음 |

### ㄷ

| | |
|---|---|
| 190 | 다시마튀각 |
| 202 | 달걀감자국 |
| 88 | 달걀빵 |
| 102 | 닭갈비 |
| 166 | 돼지갈비 |
| 44 | 들깨미역국 |
| 56 | 떡볶이 |

### ㄹ

| | |
|---|---|
| 128 | 로스트치킨 |
| 80 | 립바비큐 |

### ㅁ

| | |
|---|---|
| 142 | 마늘볶음밥 |
| 156 | 마약옥수수 |
| 178 | 맑은칼국수 |
| 174 | 메추리알장조림 |
| 50 | 모히토와 딸기에이드 |
| 208 | 문어숙회 |
| 210 | 문어초회 |
| 72 | 물김치 |
| 176 | 물회소면 |
| 62 | 미역냉국 |
| 212 | 미역초무침 |

### ㅂ

| | |
|---|---|
| 98 | 바싹불고기 |
| 58 | 반반무마니 |
| 100 | 베이글과 크림치즈 |
| 148 | 봉골레파스타 |
| 172 | 부추전 |
| 90 | 블루베리요거트 |
| 32 | 비빔국수 |

### ㅅ

| | |
|---|---|
| 182 | 생선크로켓 |
| 84 | 소풍도시락 |
| 132 | 수박주 |
| 68 | 수제마요 에그포테이토샌드위치 |
| 134 | 수제햄버거와 감자튀김 |
| 214 | 숙주볶음밥 |
| 30 | 스크램블에그&아스파라거스구이 |
| 24 | 쌈장볶음밥 |

### ㅇ

| | |
|---|---|
| 116 | 아메리칸breakfast |
| 146 | 알리오올리오 |
| 110 | 애호박전 |
| 42 | 양대창구이볶음밥 |
| 168 | 양파부추무침 |

| | | | |
|---|---|---|---|
| 26 | 얼갈이된장국 | **ㅌ** | |
| 112 | 열무김치 | 140 | 탕수육 |
| 118 | 열무보리비빔밥 | 130 | 태국식볶음밥 |
| 82 | 오븐치킨 | 164 | 토마토김치 |
| 204 | 오삼불고기 | 154 | 토마토루꼴라피자 |
| 192 | 오이무침 | 126 | 토마토스파게티 |
| 138 | 오이소박이 | | |
| 206 | 우럭매운탕 | **ㅍ** | |
| 196 | 우렁된장찌개 | 28 | 파김치 |
| 180 | 우렁이시래기국 | 64 | 팥빙수 |
| 54 | 육쪽마늘바게트 | 38 | 팬케이크 |
| 48 | 일본식샤브샤브 | 124 | 피클 |

| | | | |
|---|---|---|---|
| **ㅈ** | | **ㅎ** | |
| 52 | 잔치국수 | 218 | 해물뚝배기 |
| 66 | 주꾸미삼겹살볶음 | 222 | 해산물뷔페 |
| 78 | 짜장면 | 106 | 호박국 |
| | | 216 | 홍합탕 |
| **ㅊ** | | 220 | 홍합튀김카레라이스 |
| 122 | 차돌박이된장찌개 | | |
| 114 | 차돌박이부추김치 | | |
| 194 | 참치초무침 | | |

| | |
|---|---|
| **ㅋ** | |
| 158 | 카레라이스 |
| 160 | 캄파뉴 |
| 144 | 콘수프 |
| 108 | 콧등치기국수 |
| 94 | 콩국수 |
| 76 | 콩나물국 |
| 74 | 콩나물버섯밥 |
| 96 | 콩비지김치찌개 |
| 46 | 콩자반 |

### 당신에게 꼭 필요한 국보급 레시피 200선
# 2016 코리아 베스트 레시피

대한민국을 후끈 달군 〈2016 코리아 베스트 레시피〉.
이밥차 독자들이 가장 많이 검색하고 찜한
200개 요리에 알토란같은 정보까지 꾹꾹 눌러 담았답니다.
이 책 한 권이면 재료 손질부터
웬만한 집밥과 디저트까지 골고루 마스터할 수 있어요.
요리초보도 쉽게 따라하는 동영상도 놓치지 마세요.

요리 이밥차요리연구소 | 456쪽 | 18,000원 | (주)이밥차